RECHERCHES

SUR LES

CARACTÈRES DE LA PLACENTATION

ET DE L'INSERTION

DANS LES MYRTACÉES

ET SUR LES NOUVELLES AFFINITÉS DE CETTE FAMILLE

PAR

Édouard TISON

Docteur ès sciences naturelles et en Médecine,
Lauréat de la Faculté de médecine de Paris,
Membre de la Société linnéenne de Paris et de plusieurs autres Sociétés savantes,
Ancien élève de l'École pratique des Hautes-Études.

PARIS
LIBRAIRIE F. SAVY
77, BOULEVARD SAINT-GERMAIN, 77

1876

RECHERCHES

SUR LES

CARACTÈRES DE LA PLACENTATION

ET DE L'INSERTION

DANS LES MYRTACÉES

ET SUR LES NOUVELLES AFFINITÉS DE CETTE FAMILLE

PAR

Édouard TISON

Docteur ès sciences naturelles et en Médecine,
Lauréat de la Faculté de médecine de Paris,
Membre de la Société linnéenne de Paris et de plusieurs autres Sociétés savantes,
Ancien élève de l'Ecole pratique des Hautes-Études.

PARIS
LIBRAIRIE F. SAVY
77, BOULEVARD SAINT-GERMAIN, 77.

1876

DU MÊME AUTEUR

HISTOIRE DE LA FÈVE DE CALABAR. In-8. Paris, 1873 (A. Delahaye, place de l'École-de-Médecine, 23.)

Paris. — Typ Pillet et Dumoulin, 5, rue des Grands-Augustins.

RECHERCHES

SUR LES

CARACTÈRES DE LA PLACENTATION

ET DE L'INSERTION

DANS LES MYRTACÉES

ET SUR LES NOUVELLES AFFINITÉS DE CETTE FAMILLE

CHAPITRE PREMIER

De la valeur de la placentation en général et dans les Myrtacées en particulier.

Le placenta est l'organe sur lequel s'insèrent les ovules. La disposition des placentas dans l'ovaire s'appelle placentation. Les botanistes en admettent trois formes principales : centrale-libre, axile et pariétale. Cet organe a été utilisé pour la classification des plantes. Plusieurs auteurs lui ont même accordé une grande valeur. Qu'il suffise de citer Endlicher [1] qui s'appuie sur la placentation pour fonder sa Classe XLV, celle des *Parietales*, comprenant treize ordres ou familles dont le caractère le plus saillant est d'avoir un ovaire uniloculaire, avec plusieurs placentas pariétaux. Cependant on est loin de s'entendre sur le rang qu'il faut accorder à la placentation dans la classification des végétaux, car il n'est point difficile de citer un certain nombre de familles, généralement regardées comme naturelles, et dans lesquelles la placentation est

1. *Gen.*, 903.

très-variable. Les Saxifragacées, telles qu'on les comprend aujourd'hui [1], nous en fournissent un exemple des plus concluants, car on y trouve toutes les transitions possibles entre les placentas axiles et pariétaux.

Sans accorder au caractère de la placentation une valeur assez grande pour séparer de vastes groupes, comme le veut Endlicher, on s'en sert quelquefois et très-heureusement pour différencier des familles dont l'organisation présente d'ailleurs des formes très-analogues. C'est ainsi que les Renonculacées et les Papavéracées, si voisines les unes des autres par les principaux traits de leur organisation, se distinguent très-nettement par leur placentation, axile dans les Renonculacées, qui ont un ovaire à plusieurs loges (les Nigelles par exemple), et pariétale dans les Papavéracées, qui ont l'ovaire uniloculaire. Beaucoup de Renonculacées ont, il est vrai, un grand nombre de carpelles; mais dans ce cas, chacun d'eux ne contient jamais, dans son angle interne, qu'un seul placenta pariétal, analogue des placentas axiles d'un ovaire pluriloculaire, tandis que les Papavéracées normales ont plusieurs placentas pariétaux.

Gardons-nous cependant d'accorder une valeur trop absolue au caractère de la placentation, car nous ne serions plus d'accord avec les faits. Les Magnoliacées [2], par exemple, nous montrent réunis plusieurs modes de placentation. Nous y trouvons, en effet : les Magnoliées, les Schizandrées et les Illiciées, dont le gynécée, formé de plusieurs carpelles indépendants, est tout à fait comparable à celui de la plupart des Renonculacées; les *Zygogynum*, dont l'ovaire est à plusieurs loges, contenant chacune, dans leur angle interne, un placenta axile chargé de plusieurs ovules et les Cannellées, dont l'ovaire est uniloculaire avec plusieurs placentas pariétaux. Les Anonacées [3] nous offrent des différences moins frappantes, il est vrai,

1. Benth. et Hook., *Gen.*, I, 629, 1004. — H. Baillon, *Hist. des pl.*, III, 325.
2. H. Baillon, *Hist. des pl.*, I, 123.
3. H. Baillon, *Hist. des pl.*, I, 193. — Benth. et Hook., *Gen.*, I, 20.

mais peut-être plus concluantes, car on y trouve réunies les Anonées, les Xylopiées, etc., qui sont les analogues des Magnoliées et des Renonculacées, et les Monodorées, qui répondent aux Canellées et aux Papavéracées.

Ces exemples suffisent à montrer que le caractère de la placentation, placé au premier rang dans certains cas, n'a dans d'autres circonstances qu'une valeur beaucoup moins considérable et même tout à fait secondaire. Ce fait est surtout frappant dans les Anonacées, où les caractères tirés du périanthe et de l'androcée l'emportent de beaucoup sur ceux de la placentation. La raison en est que chaque famille ou chaque groupe important de plantes a pour ainsi dire son génie particulier, mais avec des modifications considérables qui font que tel caractère, rangé en première ligne et très-suffisant pour les distinctions, finit par n'avoir presque plus de valeur. Les *Saxifraga* [1] témoignent parfaitement en faveur de cette proposition. En effet, ce genre, regardé comme très-naturel par la plupart des botanistes, possède des espèces à ovaire uniloculaire avec deux placentas pariétaux et d'autres où l'ovaire est biloculaire avec des placentas axiles. Ce fait, en apparence bizarre, a trouvé son explication dans l'organogénie, qui nous montre dans les phases successives de l'évolution des placentas, qu'avant d'être axiles, beaucoup ont d'abord été pariétaux. Il ne faut pas oublier non plus que le placenta, comme tous les autres organes des végétaux, est essentiellement polymorphe et qu'il passe d'un type à un autre par des transitions insensibles. Citons encore la famille des Berbéridacées, qui nous montre un placenta central basilaire dans les *Leontice*, à la fois basilaire et pariétal dans les *Berberis*, et tout à fait pariétal dans les *Epimedium*.

Ces quelques faits, que l'on pourrait facilement multiplier et qui deviendraient très-nombreux si l'on considérait d'autres organes

1. H. Baillon, *Hist. des pl.*, III, 326, 424.

que le placenta, montrent qu'en botanique, il n'y a pas de caractère absolu, tenant les autres sous sa dépendance. Aussi la *subordination absolue des caractères*, dont on a voulu faire la base de la méthode naturelle, n'existe-t-elle pas dans la réalité.

Telle qu'elle est généralement comprise aujourd'hui [1], la famille des Myrtacées nous offre, comme celle des Saxifragacées, des types à ovaire uniloculaire avec un seul placenta pariétal, les Chamælauciées par exemple, et des types à ovaire pluriloculaire avec placentation axile. Mais sous le rapport des variations, elle laisse loin derrière elle les Saxifragacées. Nous trouvons en effet dans la tribu des Myrtées, qui est spécialement caractérisée par un ovaire à plusieurs loges avec des placentas axiles, le genre *Rhodamnia* Jack [2], qui possède tous les autres caractères des Myrtées, à tel point qu'il est impossible de le séparer de ce groupe. Cependant l'ovaire des *Rhodamnia* est uniloculaire avec deux placentas pariétaux et multiovulés.

Les *Napoleona* Pal.-Beauv. [3], réunis par plusieurs auteurs aux Myrtacées, nous offrent un passage entre ces deux formes de placentation; car dans certains cas, l'ovaire qui est normalement pluriloculaire avec des placentas axiles, ne possède que des cloisons rudimentaires avec des placentas pariétaux. En s'appuyant sur des faits de cette nature, M. Decaisne avait pensé, ce qui dénote un observateur superficiel, que par leur « ovaire infère, uniloculaire,» les Napoléonées se rapprochent des Combrétacées; opinion que M. Masters caractérise ainsi : « That is clearly an error, as the ovary is only partially inferior and is five-celled; nor does the affinity seem very close, even if allowance be made for this [4] ».

Enfin le type le plus curieux à cet égard nous est fourni par les

1. Benth. et Hook., *Gen.*, I, 690.
2. In *Mal. Misc.*, I ex *Hook. Comp. to Bot. Mag.*, I, 153.
3. *Fl. owar.*, II, 29, t. 78.
4. H. Baillon, in *Bull. Soc. Linn. Par.*, 59.

Grenadiers, qu'on s'accorde assez généralement à placer dans la famille des Myrtacées. Ces plantes ont en effet un ovaire des plus singuliers, puisqu'on y rencontre un double étage de loges, les inférieures ayant la placentation axile, et les supérieures, la placentation pariétale. Avec ces variations nombreuses dans la placentation, les Myrtacées s'offraient pour ainsi dire en première ligne à notre étude.

Quelle que soit du reste la valeur de la placentation au point de vue de la classification, et l'opinion que l'on adopte à ce sujet, il y a un autre point à examiner ici, c'est que dans les Myrtacées on a fondé des genres uniquement sur la forme du placenta. Or, en étudiant les variations de cet organe dans un certain nombre de Leptospermées et dans des genres très-naturels, admis par tout le monde, par ceux-là même qui ont créé des genres nouveaux, j'ai découvert des faits extrêmement intéressants que je vais faire connaître dans ce travail, faits qui démontrent la proposition suivante: Les formes de placenta sur lesquelles on s'est appuyé pour proposer des genres nouveaux dans certains groupes de Myrtacées, existent avec les mêmes caractères dans des genres très-naturels, qu'il est impossible de démembrer et qui sont admis par ceux-là mêmes qui ont proposé ces genres nouveaux.

CHAPITRE II

Variations de la forme des placentas dans les Myrtacées du groupe des Leptospermées.

§ 1. — *Genre Bæckea.*

Le genre *Bæckea* L. [1] présente, dans les différentes parties de sa fleur, principalement dans son androcée, des modifications qui peuvent paraître assez importantes, si l'on prend des espèces éloignées, pour justifier l'établissement de nouvelles coupes géné-

1. *Gen.*, n. 491. — Benth. et Hook., *Gen.*, I, 701.

riques. Mais quand on examine les intermédiaires qui relient l'une à l'autre ces espèces éloignées, on trouve des transitions tellement ménagées, que l'on comprend pourquoi la plupart des auteurs n'ont pas accepté les démembrements proposés par quelques botanistes, et notamment par Schauer. Or, si nous étudions d'une façon toute spéciale les placentas d'un grand nombre de *Bæckea*, nous verrons se dérouler successivement devant nous les formes suivantes, qui forment une série très-intéressante.

Le *Bæckea leptocaulis* Hook f.[1], de la Tasmanie, possède un ovaire infère et à deux loges. Chacune d'elles contient, dans son angle interne, et fixé vers le milieu de sa hauteur par un court pédicelle, un placenta étalé en une lame épaisse, un peu plus longue que large. Celle-ci présente sur sa face externe une fente longitudinale peu profonde, de chaque côté de laquelle se trouve une série longitudinale de 6-8 ovules, anatropes, légèrement arqués et couchés sur cette lame, de telle façon que leur micropyle regarde en dehors. Détaché de l'angle interne, et vu par sa face postérieure ou ventrale, ce placenta présente une surface circulaire ou légèrement elliptique, au centre de laquelle se trouve, sous forme de tache circulaire, la déchirure du petit pédicule qui le reliait à la loge, tandis qu'à la périphérie, on aperçoit l'extrémité micropylaire des ovules. L'ensemble de cette face postérieure représente donc assez bien un petit cercle entouré d'un anneau de perles (pl. II, fig. 1-4).

En résumé, si nous faisons, pour un instant, abstraction de l'épaisseur du placenta et de la portion rétrécie par laquelle il s'insère à l'angle interne de la loge, nous avons une disposition analogue à celle que présente l'ovaire d'un Lis ou d'un Iris, dans lequel les ovules, disposés sur deux séries longitudinales, s'insèrent sur les lèvres d'un placenta vertical et bilobé.

1. In *Hook. Icon.*, t. 298; *Fl. tasm.*, I, 141. — Benth., *Fl. austral.*, III, 79.

Le *Bæckea frutescens* L. [1] a les placentas construits comme ceux de l'espèce précédente, avec cette légère différence que l'insertion se fait un peu au-dessous du milieu de la hauteur de l'angle interne. Aussi, vu par sa face postérieure, ce placenta présente-t-il son pédicelle sur la ligne médiane, mais un peu au-dessous du centre. Le même fait se retrouve dans le *B. camphorata* R. Br. [2], avec cette seule modification que l'ovaire est triloculaire et que la fente longitudinale qui divise le placenta en deux masses latérales, n'atteint point son extrémité supérieure, tandis qu'elle est d'autant plus profonde qu'elle se rapproche davantage de l'extrémité inférieure. L'insertion du placenta sur la partie inférieure de l'angle interne le fait paraître légèrement ascendant.

Cette disposition des ovules sur deux séries longitudinales est commune à beaucoup d'autres *Bæckea*, mais nous nous contenterons d'ajouter aux précédents les *B. diosmifolia* Rudge [3] et *sumatrana*. Nous pourrions aussi, à propos de chacun d'eux, noter quelques légères modifications dans la forme du placenta, la situation de son pédicelle d'insertion et la profondeur plus ou moins grande de la fente qui le parcourt longitudinalement. Mais nous en avons dit assez pour le but que nous nous proposons; il faut maintenant montrer l'atténuation de ce type.

Le *Bæckea thymifolia* Hook. f [4], espèce de la Tasmanie, réunie par M. Bentham [5] au *Bæckea diffusa* Sieb. [6], de l'Australie, possède un ovaire à trois loges avec un placenta axile dans l'angle interne. Ce placenta a la forme générale de celui des espèces précédentes,

1. *Spec*, 514. — DC., *Prodr.*, III, 229.
2. In *Bot. Mag.*, t. 2694. — DC., *Prodr.*, III, 230. — F. Muell., *Fragm.*, IV, 70. — Benth., *Fl. austral.*, III, 84. — *Leptospermum imbricatum* Sm. in *Trans. Linn. Soc.*. VI, 300. — *Camphoromyrtus Brownii* Schau., in *Linnæa*, XVII, 240.
3. In *Trans. Linn. Soc.*, VIII, 298, t. 13. — Benth., *Fl. austral.*, III, 79.
4. In *Hook. Icon.*, t. 284; *Fl. tasm.*, I, 141.
5. *Fl. austral.*, III, 76.
6. In *DC. Prodr.*, III, 230.

sinon qu'il est beaucoup plus petit; car il ne donne plus insertion qu'à trois ou quatre ovules disposés sur deux séries longitudinales, qui parfois paraissent peu régulières. Dans des échantillons étiquetés *Bæckea affinis*, dans l'herbier du Muséum, le nombre des ovules est un peu plus considérable. Cependant, d'après M. Bentham[1], cette espèce doit être également réunie à la précédente; ce qui nous montre, chemin faisant, le peu de valeur qu'il faut accorder au nombre des ovules, puisqu'il est insuffisant dans le cas actuel à différencier ces deux espèces.

Enfin, dans le *Bæckea crassifolia* Lindl.[2] (pl. II, fig. 5, 6), dont l'ovaire est aussi à trois loges, nous ne trouvons plus, près du fond de chacune d'elles, qu'un placenta axile, peu développé, sur lequel s'insèrent seulement deux ovules collatéraux, ascendants, anatropes, avec le micropyle en bas et en dehors. Plusieurs autres espèces ressemblent au *B. crassifolia*, sous le rapport du petit nombre des ovules.

Nous voyons donc par ces quelques exemples que, tout en portant les ovules sur deux séries longitudinales, 1° le placenta s'insère toujours dans l'angle interne de la loge par une portion peu étendue; 2° que cette insertion a lieu à une hauteur variable; 3° que le nombre des ovules, assez considérable dans certaines espèces, se réduit dans d'autres autant que possible, puisqu'il n'y en a plus qu'un sur chaque série. Si donc nous avons pu comparer le placenta du *Bæckea leptocaulis* et des espèces analogues à celui d'un Lis ou d'un Iris, nous pouvons, *a fortiori*, comparer celui des *Bæckea thymifolia* et *crassifolia* à celui de certains *Allium* dans lesquels le nombre des ovules se réduit à quatre ou à deux, et en particulier à celui de cette curieuse Liliacée volubile de la Californie,

1. *Loc. cit.*
2. In *Mitch. Three Exped.*, II, 115. — F. Muell., *Fragm.*, IV, 66. — Benth., *Fl. austral.*, III, 76.

que M. le professeur Morière[1] a fait connaître sous le nom de *Rupalleya volubilis*, plante intéressante qu'il considère avec raison comme formant une section du genre *Allium*, et dans laquelle chaque loge de l'ovaire ne contient que quatre ovules disposés sur deux séries longitudinales.

Une autre forme de placenta nous est fournie par le *B. Gunniana* Schau.[2], plante qui se trouve également en Australie et à la terre de Van Diémen (pl. II, fig. 7, 8). Son ovaire, complétement infère, est à deux loges. Chacune d'elles contient dans son angle interne et inséré près de son sommet par un pied très-court, un gros placenta qui diffère de ceux précédemment étudiés en ce qu'il présente une face supérieure convexe et dépourvue d'ovules, et une face inférieure à laquelle s'attachent environ sept ovules suspendus et anatropes avec le micropyle en haut et en dehors. Quelque bizarre qu'elle puisse paraître, après ce que nous avons vu précédemment, cette forme nous surprendra moins quand nous aurons étudié le genre *Tristania*, où elle devient pour ainsi dire la règle. Nous verrons en effet qu'elle répond à la forme placentaire par laquelle on a cru pouvoir caractériser le genre *Tristaniopsis*.

Le *B. linifolia* Rudge[3] (pl. II, fig. 11-13) a beaucoup de rapports avec le *B. leptocaulis*, par son aspect extérieur et ses caractères floraux. Son ovaire est infère et à deux loges, contenant chacune, dans leur angle interne, un placenta assez analogue à celui du *B. leptocaulis;* car il s'attache comme lui par un pied très-court au milieu de la hauteur de l'angle interne; il a également une

1. In *Bull. Soc. Linn. Normand.*, VII.

2. In *Walp. Rep.*, II, 921. — Hook. fil., *Fl. tasm.*, I, 142. — F. Muell., *Fragm.*, IV, 66. — *Bæckea micrantha* Hook. fil., in *Hook. Ic.*, t. 309, nec DC. — *B. utilis* F. Muell. — Miq., in *Ned. Kruidk. Arch.*, IV, 150. — *Tetrapora Gunniana* Miq., *op. cit.* — Benth., *Fl. austral.*, III, 78.

3. In *Trans. Linn. Soc.*, VIII, 297, t. 12. — DC., *Prodr.*, III, 229. — F. Muell., *Fragm.*, IV, 71. — Benth., *Fl. austral.*, III, 80. — *Bæckea trichophylla* Sieb., in *Spreng. Syst.*, *Cur. post.*, 149.

forme peltée-ellipsoïde; mais comme il présente une épaisseur beaucoup plus considérable, il s'ensuit que les ovules, au nombre de quinze à vingt, qui s'insèrent sur ses bords, paraissent rejetés en dehors, ou plutôt insérés à la base de la surface latérale d'un cylindre. Aussi, vu par sa face antérieure, ce placenta présente-t-il, entre les deux séries d'ovules, un espace nu au fond duquel on aperçoit la large fente qui le divise en deux lèvres. Cette forme cylindrique entraîne une autre conséquence, c'est que les ovules, au lieu d'être arqués, sont droits, en ayant toujours leur micropyle en dehors.

Cette forme de placenta va nous faire comprendre plus facilement celle que nous rencontrons dans le *Bæckea pinifolia* DC. [1], petit arbuste de la Nouvelle-Calédonie. Son ovaire est infère et à trois loges; chacune d'elles contient, dans son angle interne et attaché par un pied très-court, un placenta décrit comme pelté, mais qu'il vaut beaucoup mieux comparer à une patère à tige très-courte, qui représente le pied par lequel se fait l'insertion dans l'angle interne, et dont la tête serait garnie d'ovules sur toute sa circonférence. Ces ovules sont, comme ceux du *B. linifolia*, anatropes avec le micropyle en dehors. Vu par sa face antérieure ou dorsale, ce placenta est tout à fait comparable à ces pierres entourées de perles qui ornent le chaton de certaines bagues. La pierre est représentée ici par le placenta, orné d'un sillon longitudinal dans ses trois quarts supérieurs, et les perles par les ovules. Sa face postérieure ou verticale est tout à fait comparable à celle des *B. leptocaulis* et *linifolia*. Cette forme en patère du placenta, regardée comme ayant la valeur d'un caractère générique différentiel par les auteurs du genre *Fremya*, n'est, en somme, que l'exagération de celle du *B. linifolia*, comme celle-ci était l'exagération de celle du *B. leptocaulis*. Il n'y a d'autre différence que l'épaisseur du placenta. Nous

1. *Prodr.*, III, 229. — Br. et Gr., in *Ann. sc. nat.*, série 5, II, 140 — *Leptospermum pinifolium* Labill., *Sert. austro-caled.*, 63, t. 62.

retrouvons, en effet, sur la face dorsale, la fente longitudinale qui est ici un peu moins étendue, puisqu'elle ne descend pas jusqu'en bas, fente dont les bords très-épaissis constituent la portion du placenta que l'on aperçoit sur sa face antérieure.

Cette forme en patère est commune à plusieurs autres espèces, tant de la Nouvelle-Calédonie que de l'Australie [1]. Elle se retrouve, par exemple, dans le *B. parvula* DC. [2], var. *latifolia*, plante néo-calédonienne qui, d'après M. Bentham [3], est identique au *B. virgata* ANDR. [4], de l'Australie. Mais l'espèce où il est indispensable de signaler cette forme du placenta, est le *B. obtusifolia* BR. et GR. [5], plante également néo-calédonienne. Ce fait est d'autant plus important à signaler ici qu'on n'a pas hésité à rapporter cette espèce au genre *Bæckea*. Elle doit effectivement en faire partie, mais elle a des placentas d'une forme tout à fait semblable à celle sur laquelle on s'est appuyé pour créer le nouveau genre *Fremya*. C'est là un fait extrêmement important, et dont il faut prendre acte; car les auteurs qui ont les premiers décrit cette espèce sont ceux-là mêmes qui ont proposé le genre *Fremya*.

Le *B. camphorosmæ* ENDL. [6], originaire de l'Australie, nous offre

1. Notamment dans les *B. pulchella* DC., *corymbulosa* BENTH., *floribunda* BENTH., *pentagonantha* F. MUELL.

2. *Prodr.*, III, 229. — *Leptospermum parvulum* LABILL., *Sert. caled.*, 62, t. 61. — *Harmogia parvula* SCHAU., in *Linnæa*, XVII, 238.

3. *Fl. austral.*, III, 82.

4. *Bot. Repos.*, t. 598. — *Bot. Mag.*, t. 2127. — LODD., *Bot. Cab.*, t. 341. — COLLA, *Hort. Ripul.*, t. 6. — F. MUELL., *Fragm.*, IV, 69. — *Leptospermum virgatum* FORST., *Char. gen.*, 48. — *Melaleuca virgata* L. FIL., *Suppl.*, 343. — *Harmogia virgata* SCHAU., in *Linnæa*, XVII, 238. — *Camphoromyrtus pluriflora* F. MUELL., in *Trans. Vict. Inst.*, I, 123. — *Harmogia umbellata* F. MUELL., *Fragm.*, II, 31. — *Bæckea umbellata* F. MUELL., *Fragm.*, IV, 69. — *Babingtonia virgata* F. MUELL., *Fragm.*, IV, 74.

5. In *Ann. sc. nat.*, série 5, II, 141.

6. In *Hueg. Enum.*, 51. — BENTH., *Fl. austral.*, III, 86. — *Babingtonia camphorosmæ* LINDL., *Bot. Reg.*, 1842, t. 10. — SCHAU., in *Pl. Preiss.*, I, 109.

un placenta semblable à celui des espèces précédentes, mais avec une particularité très-intéressante à signaler ici. En effet, le pied par lequel il s'insère à l'angle interne de l'ovaire part, comme précédemment, du centre du placenta, mais c'est pour se recourber aussitôt et venir se fixer près du fond de la loge. Ce placenta est donc ascendant, et, sous ce rapport, il se rapproche de ceux que nous examinerons bientôt dans le *Tepualia*, le *Metrosideros operculata* et le *Syncarpia laurifolia.*

Qu'au lieu de s'élargir en s'épaississant, le placenta s'allonge et prenne la forme d'un tronc de cône, nous aurons encore une patère à tête très-étroite, mais relativement longue, et les ovules qui, suivant la règle, s'insèrent toujours sur les bords du placenta, se trouveront couchés le long de la surface latérale de ce tronc de cône, et auront, comme précédemment, leur micropyle en dehors. Cette forme n'est nullement imaginaire, car elle nous est présentée par le *B. Behrii* F. Muell., [1] de l'Australie. Cette espèce présente en outre cet intérêt particulier que le même ovaire a quelquefois une ou deux loges dans lesquelles le placenta prend à peine la forme en tronc de cône, de sorte que les ovules paraissent insérés sur deux séries longitudinales, comme dans le *B. leptocaulis* et autres espèces analogues par lesquelles nous avons commencé l'étude des placentas dans le genre *Bæckea*. Disons en passant que cette forme n'est point spéciale au genre *Bæckea*, car je l'ai rencontrée aussi dans l'*Astartea fascicularis* DC. Or, on sait que les *Astartea* ne se distinguent des *Bæckea* que par leurs étamines réunies en faisceaux alternipétales. Nous avons cru utile de signaler cette nouvelle parenté entre ces deux genres, bien qu'elle ne rentre pas immédiatement dans notre sujet.

Quelque différents de forme que soient les placentas des *Bæckea*, ils peuvent cependant se rapporter tous au type ordinaire du pla-

1. *Fragm.*, IV, 68.— *Camphoromyrtus Behrii* Schlechtl, in *Linnæa*, XX 651.

centa axile et bilobé, comme celui des Lis ou des Iris, si l'on admet que, par suite d'inégalité de développement, certaines parties s'accroissent plus que d'autres.

Quoi qu'il en soit de ce dernier point, nous pouvons constater ici que, malgré ces variations si nombreuses dans la forme des placentas, le genre *Bæckea* est resté homogène et bien naturel pour la plupart des botanistes et même pour Brongniart et Gris. On ne peut donc invoquer en faveur du démembrement de ce genre, ni la forme variable des placentas, ni le nombre des ovules qui y prennent leur insertion. En nous appuyant sur ce fait comme sur une base solide, et après avoir montré qu'il en est de même dans le genre *Leptospermum*, nous démontrerons qu'il est impossible d'admettre les démembrements proposés dans les genres *Metrosideros* et *Tristania*, sous prétexte que les placentas y ont une forme différente et que le nombre des ovules qui s'y insèrent est plus ou moins considérable. Ces variations dans la forme des placentas ont paru tellement peu importantes qu'on la fait à peine entrer en ligne de compte pour diviser en sections ce genre si naturel.

§ 2. — *Genre Leptospermum.*

Le genre *Leptospermum* Forst.[1] a donné son nom à la tribu des Leptospermées. Il devait donc naturellement se trouver en tête de notre travail. Si nous avons commencé par les *Bæckea*, c'est que ceux-ci nous offraient, dans leurs placentas, des types plus nombreux. Au reste, ce n'est là qu'un détail, car on pourrait très-bien, à notre avis, réunir les *Leptospermum* aux *Bæckea;* ces deux genres n'offrant d'autre différence essentielle que celle-ci, qui est toutefois assez commode dans la pratique : les feuilles sont opposées dans les *Bæckea* et alternes dans les *Leptospermum*. En analysant un grand

1. *Char. gen.*, 71, t. 36. — Benth. et Hook., *Gen.*, I, 703.

nombre d'espèces de ce dernier genre, nous avons trouvé dans leurs placentas les formes suivantes.

M. F. Mueller a donné le nom de *Fabricia coriacea* à une plante australienne que M. Bentham[1] réunit, avec doute cependant, comme une variété *minus*, au *Leptospermum lævigatum* F. MUELL[2]. Mais ce qui n'est pas douteux, c'est que cet arbuste appartient au genre *Leptospermum*, tel qu'on le caractérise généralement aujourd'hui. L'analyse de cette plante montre que son ovaire, complétement infère, renferme 6-8 loges contenant chacune dans leur angle interne et inséré par un pied très-court, un placenta en forme de lame aplatie qui, vue par sa face externe, présente une fente longitudinale, assez profonde, de chaque côté de laquelle s'insèrent 6-8 ovules anatropes. Leur direction varie un peu avec leur position, les supérieurs étant légèrement ascendants, les moyens horizontaux et les inférieurs un peu descendants. Mais quelle que soit leur direction, ces ovules ont toujours le micropyle en dehors (pl. III, fig. 1, 2).

Cette forme du placenta est encore la même dans les *Leptospermum floridum* BENTH.[3], *ellipticum* ENDL.[4] et *crassipes* LEHM.[5], avec cette différence que l'ovaire n'a que trois loges, et que le nombre des ovules est moins considérable. La première espèce n'en renferme plus en effet que six, la seconde cinq, et la troisième quatre. M. Bentham[6] ne serait pas étonné que ces trois plantes ne fussent que de simples variétés de la même espèce. Ce qui fait bien voir que dans les *Leptospermum*, comme du reste dans les *Bæckea*, le

1. *Fl. austral.*, III, 103.

2. *Ann. Report*, 1858, 22; *Fragm.*, IV, 60.—*Fabricia lævigata* GÆRTN., *Fruct.*, I, 175. — *Bot. Mag.*, t. 1304. — HOOK. F., *Fl. tasm.*, I, 141. — *Fabricia myrtifolia* SIEB., in *exs.*, nec GÆRTN.

3. *Fl. austral.*, III, 110. — *Pericalymna floridum* SCHAU., in *Pl. Preiss.*, I, 121.

4. In *Hueg. Enum.*, 51. — *Pericalymna ellipticum* SCHAU., in *Pl. Preiss.*, I, 120.

5. *Ind. sem. Hort. hamb.* (1842), ex SCHAU. — *Pericalymna crassipes* SCHAU., in *Pl. Preiss.*, I, 120.

6. *Fl. austral.*, III, 110.

nombre des ovules n'a qu'une importance tout à fait secondaire.

Ces *Leptospermum* nous montrent donc des ovules insérés sur deux séries longitudinales, comme ceux que nous avons étudiés dans le *Bæckea leptocaulis*, et nous pouvons encore avec plus de raison comparer leurs placentas à ceux des Lis et des Iris, puisque ici ces placentas ont les bords non épaissis, mais étalés en lame.

Le *L. myrsinoides* SCHLECHTL[1] (pl. III, fig. 3-5) a un ovaire infère à quatre ou cinq loges. Chacune d'elles contient, vers le milieu de son angle interne et attaché par un pied très-court, un gros placenta pelté, ou plutôt en forme de patère dont les bords et la surface externe sont recouverts d'ovules anatropes. Ceux-ci sont très-nombreux et paraissent, au premier aspect, disposés sans ordre ; cependant, avec un peu d'attention, il n'est pas difficile de remarquer qu'ils se trouvent, en réalité, situés sur quatre séries longitudinales. Leur direction est variable; ceux qui occupent la partie supérieure du placenta sont légèrement arqués, tandis que les autres sont d'autant plus descendants qu'ils sont situés plus bas. Cette forme de placenta et cette disposition des ovules, que nous retrouverons dans certains *Metrosideros* et *Tristania*, sont communes à beaucoup d'autres *Leptospermum*. Il nous suffira de citer ici les *L. rupestre* HOOK FIL.[2], *flavescens* SM.[3] et *ericoides* RICH.[4] Signalons toutefois en passant, pour montrer combien le point d'insertion du placenta est variable, qu'il se trouve dans ces espèces plus près du sommet de la loge que de sa base.

1. In *Linnæa*, XX, 653. — BENTH., *Fl. austral.*, III, 109.
2. In *Hook. Ic. pl.*, t. 308 ; *Fl. tasm.*, I, 140, t. 30. — BENTH., *Fl. austral.*, III, 108.
3. In *Trans. Linn. Soc.*, III, 262. — DC., *Prodr.*, III, 227. — HOOK. F., *Fl. tasm.*, I, 139. — *Melaleuca trinervia* WHITE, *Trav.*, 229, t. 24? — *Leptospermum polygalifolium* SALISB., *Prodr.*, 350.— *L. Thea* W., *Spec.*, II, 249. — *L. tuberculatum* POIR., *Dict.*, Suppl., III, 338 (ex char. dat.).— BENTH., *Fl. austral.*, III, 104. — *Melaleuca Thea* WENDL., *Sert. hannov.*, 24, t. 13, nec W.
4. *Fl. N.-Zel.*, I, 70. — HOOK. F., *Handb. of N.-Zeal. Flora*, 70.

Le *L. lanigerum* Sm.[1], de la Tasmanie (pl. III, fig. 6, 7), a un ovaire infère à cinq loges. Chacune d'elles contient, vers le sommet de son angle interne, un placenta de la forme de celui que nous avons déjà rencontré dans le *Bæckea Gunniana*, forme qui est un passage vers celle sur laquelle on a cru pouvoir fonder le genre *Tristaniopsis*. En effet, ce placenta présente une face supérieure convexe et dépourvue d'ovules, et une face inférieure oblique en bas et en dedans, sur laquelle s'insèrent de nombreux ovules, anatropes et descendants.

Nous avons trouvé une disposition à peu près semblable dans une plante de l'herbier du Muséum, étiquetée *L. amboinense*, avec cette légère différence que le placenta a sa face inférieure un peu moins oblique et parcourue par un sillon médian et longitudinal, de chaque côté duquel les ovules sont insérés sur deux séries; de sorte que nous retrouverons ici la disposition sur quatre séries longitudinales que nous avons déjà observée dans les *L. myrsinoides, rupestre*, etc. Mais la plante où la forme du placenta devient exactement celle qui a servi à caractériser le genre *Tristaniopsis*, est le *L. javanicum* Bl., de Java (pl. III, fig. 8-10). Son ovaire, adhérent au réceptacle seulement dans ses deux tiers inférieurs, renferme cinq loges oppositipétales. Dans chacune d'elles est inséré, vers le sommet de son angle interne, par un court pédicule, un placenta qui remonte un peu dans la partie supérieure de la loge, pour redescendre en s'élargissant de manière à présenter une surface externe ou dorsale complétement nue, et une surface inférieure sur laquelle s'insèrent, en petit nombre, des ovules descendants, anatropes avec le micropyle en haut.

Sans nous offrir des variations aussi considérables que ceux des *Bæckea*, les placentas des *Leptospermum* nous présentent néanmoins les formes ordinaires que nous rencontrerons dans les *Metrosideros*,

1. In *Trans. Linn. Soc.*, III, 263. — DC., *Prodr.*, III, 227. — Hook. f., *Fl. tasm.*, I, 139. — *Leptospermum australe* Salisb., *Prodr.*, 350.

les *Tristania* et en même temps celle sur laquelle on s'est appuyé pour fonder le nouveau genre *Tristaniopsis*. Cependant les auteurs plus récents n'ont pas admis les démembrements proposés à plusieurs reprises dans le genre *Leptospermum*. Nous pouvons donc tirer des conclusions semblables en tout point à celles que nous a fournies l'examen des placentas dans les *Bæckea*. C'est-à-dire que la forme de cet organe ne peut être prise pour caractère générique différentiel dans les Myrtacées et surtout dans le groupe des Leptospermées, car elle est même insuffisante pour caractériser les sections d'une façon absolue.

§ 3. — *Genre Metrosideros.*

Le *M. lucida* MENZ.[1] (pl. IV, fig. 1-3) a les fleurs régulières et hermaphrodites. Leur réceptacle très-concave contient, dans une partie de sa concavité, un ovaire triloculaire; à moitié infère et adhérent. Chaque loge renferme, vers la partie inférieure de son angle interne, un gros placenta attaché par un très-court pédicelle et presque immédiatement renflé en une grosse masse remontant dans la partie supérieure de la loge et descendant légèrement dans la partie inférieure. Ce gros placenta, dont la direction paraît un peu ascendante, est recouvert, sur toute sa face externe ou dorsale, d'un très-grand nombre d'ovules plus ou moins ascendants.

Si on les détache avec précaution, on voit que la face antérieure ou dorsale du placenta présente la forme d'un ovoïde très-allongé, à petite extrémité dirigée en haut. On remarque, en outre, que cette face présente dans un peu plus de sa moitié supérieure, une fente longitudinale, médiane et profonde qui divise le placenta en deux cornes saillantes et proéminentes.

1. *Fl. N.-Zel.*, I, 67. — *Metrosideros umbellata* CAV. — *Melaleuca lucida* FORST. — *Agalmanthus umbellatus* HOMBR. et JACQ. — HOOK. F., *Handb. N.-Zeal. Fl.*, 71.

Le *M. florida* Sm.[1] (pl. IV, fig. 4-6), de la Nouvelle-Zélande, nous offre exactement le même caractère dans la placentation, avec cette légère différence que cet organe, toujours ovoïde, présente à la partie supérieure sa grosse extrémité également divisée en deux lobes latéraux par une fente médiane et longitudinale. C'est pour ainsi dire le placenta de l'espèce précédente qu'on aurait fait tourner d'une demi-circonférence autour de son pied comme axe, moins toutefois la fente médiane qui reste toujours en haut.

Le *M. operculata* Labill.[2] (pl. IV, fig. 11-12), de la Nouvelle-Calédonie, présente dans la structure de son ovaire et de ses placentas beaucoup de ressemblance avec celle des types que nous venons d'étudier. Il y a toutefois une modification légère et peu importante en elle-même, mais sur laquelle il faut nous arrêter à cause de la transition qu'elle offre entre le placenta de quelques autres *Metrosideros* et celui des *Tepualia*. En effet, dans le *Metrosideros operculata*, cet organe, fixé près de la base de la loge par un pied très-court, devient complétement ascendant. Sa face antérieure ou dorsale recouverte de nombreux ovules ascendants, présente également une fente longitudinale, médiane et profonde, qui le divise dans presque toute sa hauteur en deux longs lobes latéraux.

Si nous étudions maintenant le *M. vera* Rumph[3]. (pl. IV, fig. 7-10), de l'Inde orientale, pour lequel Miquel a proposé le genre *Nania*[4], nous trouverons, au moment de l'anthèse, un ovaire à moitié infère et à cinq loges. Chacune d'elles contient, dans son angle interne, un placenta des plus curieux et assez différent au premier abord de tous ceux que nous avons rencontrés jusqu'ici. Nous ne pouvons mieux le comparer qu'à un tronc de cône dont l'axe oblique

1. *Fl. N.-Zel.*, I, 67, t. 15. — *Melaleuca florida* Forst., *Prodr.* — *Leptospermum scandens* Forst. — Hook. f., *Handb. of N.-Zeal. Fl.*, 70.
2. *Sert. austro cal.*, 61, t. 60.
3. *Herb. amboin.*, III, 16, t. 7.
4. *Fl. ind. bat.*, I, p. I, 399; *in Journ. bot. neerl.* (1861), 297.

regarderait en haut et en dehors. Il nous présente donc à examiner une grande base, une petite base et une surface latérale. C'est par la grande base et sur presque toute sa surface, que se fait l'insertion dans l'angle interne, de sorte que le placenta, détaché et vu par cette portion, présente une large cicatrice de forme elliptique.

La petite base regarde en dehors et en haut, elle est presque circulaire. Elle présente, dans sa moitié ou son quart supérieur, un léger sillon qui se continue avec une fente située sur la portion de la surface latérale qui regarde en haut et en dedans. Le bord de cette petite base présente donc une échancrure à sa partie supérieure. Les ovules, au nombre de quinze environ, s'insèrent sur la surface latérale, excepté dans son quart supérieur; ils sont anatropes ou à peu près, plus ou moins descendants, avec le micropyle en bas et en dehors.

Quelque bizarre et difficile à comprendre qu'il paraisse au premier aspect, ce placenta peut cependant se rapporter à des types précédemment étudiés et notamment à ceux des *Bæckea pinifolia, obtusifolia, Behrii*, etc. Car, en somme, il a la forme peltée ou en patère, avec les ovules insérés autour de cette patère. Seulement ce placenta s'étant considérablement épaissi, surtout au niveau de sa grande base et dans sa portion supérieure, son insertion dans l'angle interne se fait par une large surface et sa direction est devenue obliquement ascendante, comme dans les *Tepualia* et le *Metrosideros operculata*. La seule particularité intéressante à signaler ici, c'est que les ovules, ne s'insérant pas à toute la périphérie du placenta, laissent libre une petite portion de la partie supérieure; de sorte que le placenta du *Metrosideros vera* peut être regardé comme intermédiaire entre celui des *Bæckea* signalés plus haut et, par conséquent, celui des *Xanthostemon* dont nous allons nous occuper, et également entre celui du *Bæckea Gunniana*, des *Leptospermum lanigerum* et *javanicum* et des *Tristaniopsis*. Mais par sa forme et son apparence extérieure, il se rapproche bien plus des premiers que des derniers, aussi a-t-on peine à comprendre pourquoi cette espèce, considérée par presque tous les auteurs comme appartenant bien au genre *Metrosideros*, n'a pas empêché la création des nouveaux noms génériques *Xanthostemon* et surtout *Fremya*, tellement leurs placentas sont semblables, pour ne pas dire plus. Cette manière de voir devient encore plus évidente et pour ainsi dire palpable, si l'on réfléchit que, dans le *Metrosideros vera*, l'ovaire, à moitié libre et adhérent à la cupule réceptaculaire au moment de l'anthèse, devient, à la maturité, un fruit entièrement libre et n'adhérant plus au réceptacle que par une large base d'insertion, exactement comme dans les *Xanthostemon* et les *Fremya*.

En 1859, M. F. Mueller[1] a proposé le nouveau nom générique *Xanthostemon* pour deux plantes australiennes qui, avec tous les autres caractères des *Metrosideros*, présentent un ovaire presque libre ou du moins n'adhérant au réceptacle que par une large base d'insertion. De l'avis de presque tous les auteurs et de M. F. Mueller lui-même, ce caractère n'a aucune valeur générique ; proposition qui sera démontrée plus longuement dans le chapitre suivant. Aussi ne faut-il pas s'étonner si, à la page 243 du même ouvrage, l'auteur supprime lui-même le genre *Xanthostemon* pour n'en faire qu'une simple section des *Metrosideros*.

Si l'on analyse avec soin les deux plantes de M. F. Mueller, on trouve que leurs placentas ont cette forme particulière de patère ou de bouclier que nous avons décrite dans les *Bæckea pinifolia* (pl. II, fig. 9, 10), *obtusifolia*, etc. Ce caractère n'a pu échapper à l'attention de Brongniart et Gris. En effet, ces deux auteurs, en étudiant les Myrtacées de la Nouvelle-Calédonie, s'aperçurent qu'un certain nombre d'espèces présentaient cette sorte de placenta en même temps que l'ovaire plus ou moins libre des *Xanthostemon*.

Mais, ne connaissant point les travaux publiés par M. F. Mueller

1. *Fragm.*, I, 80.

sur les Myrtacées, plusieurs années auparavant, les deux botanistes du Muséum firent de ce type, abandonné par son auteur, un genre qu'ils crurent nouveau, sous le nom de *Fremya*[1]. Nous disons qu'ils crurent nouveau, car le type du *Fremya* existait depuis plusieurs années sous le nom de *Xanthostemon*, et Brongniart et Gris n'ont fait que substituer inutilement ce premier nom au second. Celui-ci doit cependant, à cause de son antériorité, être préféré, même par ceux qui veulent admettre ce type générique.

Malgré ces raisons si claires et si évidentes, puisqu'il suffit de les énoncer pour en comprendre toute la force, Brongniart et Gris[2], dans une publication plus récente, ont apporté en faveur du genre *Fremya* qu'ils prétendaient maintenir quand même :

1° Les considérations suivantes relatives à la personne de M. Frémy et de M. F. Mueller. Ils disent, en effet, à la page 19 de leur mémoire : « Nous sommes persuadés que M. Mueller lui-même, qui a si gracieusement dédié plusieurs de ses plantes à des savants et à des hommes d'État français, se joindrait à nous pour maintenir le nom consacré à un de nos plus éminents chimistes. » Personne ne met en doute ici la bienveillance de M. F. Mueller pour les savants français, ni la haute illustration qui s'attache au nom de M. Frémy; mais malheureusement ces considérations ne peuvent pas empêcher que le genre *Xanthostemon* n'ait été publié cinq ans avant le genre *Fremya*. La logique, plus forte que toutes les considérations personnelles, doit l'emporter dans cette question qui est purement scientifique.

2° Des considérations tirées de la structure intime de l'ovaire et surtout de la forme du placenta :

« Les caractères tirés de la structure intime de l'ovaire nous paraissent, en effet, disent-ils un peu plus loin, avoir dans cette famille une grande valeur, surtout quand la placentation et la

1. In *Ann. sc. nat.*, sér. 5, II, 131; III, 227; in *Bull. Soc. bot. Fr.*, X, 374.
2. In *N. Arch. Mus.*, IV, 17, t. 7.

constitution des ovules concourent simultanément à établir des différences. Ces caractères ont plus d'importance à nos yeux que celui tiré du degré plus ou moins considérable d'adhérence de l'ovaire à la cupule réceptaculaire, caractère qui, dans les Myrtacées-sclérocarpées, varie plus que dans beaucoup d'autres familles; cependant, lorsqu'il est porté au point où on l'observe dans les *Fremya,* dont la capsule sphérique est souvent complétement libre, il devient alors frappant et facile à signaler. Mais l'insertion des ovules nombreux en un seul rang sur le pourtour d'un large placenta peltiforme et la forme amphitrope de ces ovules sont des caractères bien plus importants par l'impossibilité de leur transition à une autre organisation de l'ovaire. »

Mais ces considérations se retournent précisément contre ceux qui les ont fait valoir; car, premièrement, nous avons montré, par l'exemple des *Bæckea,* des *Leptospermum* et des *Metrosideros,* que l'on observait dans les Myrtacées des transitions entre les formes des placentas, le mode d'insertion des ovules et, par conséquent, dans l'organisation de l'ovaire. Secondement, c'est par leur propre manière de faire, par leur propre exemple, en un mot, que nous devons réfuter la manière de voir de ces deux auteurs. Ceux-ci, en effet, n'ont pas hésité à réunir au genre *Bæckea,* des plantes telles que le *B. obtusifolia* Br. et Gr.[1], ainsi que le *B. pinifolia* DC. et le *B. parvula* DC., et en cela nous estimons qu'ils ont eu pleinement raison. Or, nous avons montré plus haut que ces espèces, ainsi que d'autres appartenant à l'Australie, etc., ont un placenta entièrement semblable à celui des *Fremya;* elles diffèrent donc autant des autres *Bæckea* que les *Fremya* des autres *Metrosideros,* car les unes et les autres ont le même placenta. Comme d'une part, il nous est impossible de supposer que Brongniart et Gris n'avaient point analysé les *Bæckea* dont nous parlons, et que, d'autre part,

1. In *Ann. sc. nat*. sér. 5, II, 140.

ils n'ont pas proposé un nouveau nom générique pour les *Bæckea* qui offraient cette forme de placenta, force nous est de conclure qu'ils n'ont été conséquents ni avec eux-mêmes, ni surtout avec les faits, en créant mal à propos le genre *Fremya*.

Au reste, le placenta des *Fremya*, que ces auteurs regardaient comme si typique et si caractéristique, n'est pas toujours tellement semblable à lui-même que l'on n'y puisse surprendre quelques modifications. Si nous analysons, par exemple, le *Metrosideros chrysantha* F. MUELL. [1] (pl. IV, fig. 15, 16), nous verrons que ses fleurs régulières et hermaphrodites ont un réceptacle profondément concave, au fond duquel se trouve inséré par une large base, un ovaire ordinairement triloculaire et presque entièrement libre. Chaque loge contient dans son angle interne un gros placenta pelté ou plutôt en forme de patère, sur la périphérie de laquelle sont insérés en assez grand nombre des ovules anatropes ou à peu près, ayant leur micropyle en dehors. En avant, ce placenta présente une surface à peu près circulaire, complétement nue, dépourvue de fente et de sillon et garnie d'ovules tout autour. On reconnaît là le placenta des *Bæckea obtusifolia, pinifolia*, etc. Cette forme se retrouve, au reste, avec les mêmes caractères, dans le *Fremya myrtifolia* BR. et GR. [2] (pl. IV, fig. 17, 18), à part ces deux différences : 1° que l'ovaire est quadriloculaire; 2° que le placenta ressemble plus à une ellipse allongée qu'à un cercle et qu'il s'insère dans l'angle interne par un pied plus aplati. Le *Fremya elegans* BR. et GR. [3] (pl. IV, fig. 19, 20) a un placenta qui ne diffère des précédents que par la présence, sur sa face externe ou dorsale, d'une fente qui occupe sa moitié supérieure et qui le divise en deux o bes profonds. C'est ce qui se remarque, au reste, dans les *Fremya*

1. *Fragm.*, IV, 159. — *Xanthostemon chrysanthus* F. MUELL., herb., ex BENTH., *Fl. austral.*, III, 268.
2. In *Ann. sc. nat.*, sér. 5, III, 227.
3. In *Ann. sc. nat.*, sér. 5, II, 133.

aurantiaca Br. et Gr.[1] (pl. I, fig. 2) et *ciliata* Br. et Gr.[2] (pl. I, fig. 7). Dans toutes ces espèces, en effet, la moitié supérieure du placenta présente une fente longitudinale et profonde qui le divise en deux lobes latéraux; mais dans la dernière, on voit en outre le placenta s'allonger de manière à devenir ovoïde avec la petite extrémité en haut, en même temps que les ovules recouvrent davantage la face antérieure, et que l'insertion a lieu un peu plus bas dans la loge, de façon qu'il paraît légèrement ascendant. La forme circulaire reparaît, au contraire, dans le *Fremya Deplanchei* Br. et Gr.[3] (pl. IV, fig. 21, 22), avec cette seule modification que la fente longitudinale située sur la face externe n'en occupe que la partie moyenne, sans s'étendre au quart supérieur et au quart inférieur. Si nous ajoutons que, dans ces différentes espèces, on voit autour du placenta une portion plus ou moins considérable des ovules, on comprendra facilement que ces formes offrent des nuances quelquefois assez considérables. Ces nuances nous permettent de rapprocher les *Fremya* du *Metrosideros vera* qui leur ressemble tant, et sous le rapport de son ovaire, plus libre que ne l'est celui du *Fremya ciliata*, et sous le rapport du placenta, qui ressemble beaucoup également à ceux des *Fremya* munis d'une fente longitudinale.

MM. Bentham et Hooker[4] conservent, avec beaucoup de réserve toutefois, le genre *Xanthostemon*[5], proposé d'abord, puis rejeté par M. F. Mueller. Ils appuient leur manière de voir sur la forme des placentas et sur cet autre caractère, également peu important, à savoir que les *Metrosideros* ont les feuilles opposées, tandis qu'elles sont alternes dans les *Xanthostemon*. Ce que nous avons dit plus haut du caractère tiré de la forme du placenta nous empêche d'y

1. In *Ann. sc. nat.*, sér. 5, II, 132.
2. In *Ann. sc. nat.*, sér. 5, II, 133.
3. In *Ann. sc. nat.*, sér. 5, II, 132.
4. *Gen.*, I, 711, n. 39.
5. In *Hook. Kew. Journ.*, IX, 17.

insister ici. Le caractère tiré de l'alternance ou de l'opposition des feuilles pourrait, au premier abord, avoir ici une plus grande valeur; car on a vu précédemment que l'on n'avait guère d'autre moyen de distinguer un *Leptospermum* d'un *Bæckea*. Aussi avons-nous fait remarquer, à ce propos, combien il serait plus rationnel et plus logique de réunir ces deux genres en un seul. Mais si nous y insistons davantage ici, c'est que ce caractère, déjà fort peu important par lui-même, a encore moins de valeur dans les Myrtacées que partout ailleurs. Nous allons voir, en effet, dans un instant, que les *Tristania* ont les feuilles tantôt alternes et tantôt opposées. Pourquoi donc ce caractère, jugé insuffisant pour démembrer le genre *Tristania*, serait-il suffisant pour diviser le genre *Metrosideros?*

Les limites de ces observations nous empêchent d'entrer dans plus de détails sur le peu de valeur que présentent, comme caractères génériques, l'alternance ou l'opposition des feuilles dans les Myrtacées; mais nous ne pouvons pas ne pas faire remarquer que, dans un genre voisin de celui que nous étudions, les *Eucalyptus*, presque toutes les espèces, et elles sont nombreuses, ont les feuilles opposées dans le jeune âge et alternes à l'état adulte, et que rien n'est plus facile que de trouver des rameaux présentant en même temps cette double disposition des feuilles. Il n'est pas sans importance non plus d'ajouter qu'au moins ce caractère de l'opposition des feuilles devrait être commun à tous les vrais *Metrosideros* et qu'il ne faudrait pas, par exemple, rencontrer des *Metrosideros* qui eussent parfois des feuilles alternes, comme c'est le cas dans le *M. angustifolia*, de l'Afrique australe. C'est donc avec raison que l'on doit comprendre dans le genre *Metrosideros* les plantes décrites sous les noms de *Xanthostemon* et de *Fremya*.

On a placé près des *Fremya*, sous le nom de *Pleurocalyptus Deplanchei* Br. et Gr.[1], une plante néo-calédonienne qui en a le port et

1. In *N. Arch. Mus.*, IV, 20, t. 8; in *Ann. sc. nat.*, sér. 5, XIII, 387.

le feuillage et qui, par ses caractères extérieurs, leur ressemble complétement. Ses fleurs, à peu près régulières et hermaphrodites, ont la corolle et l'androcée des *Metrosideros*. Leur ovaire, presque libre au fond de la cupule réceptaculaire, renferme cinq ou six loges qui contiennent chacune, dans leur angle interne, un placenta semblable à celui des *Fremya*, mais qui a pris un tel développement qu'il est ici bien plus comparable à une bobine qu'à une patère. Cette sorte de bobine, insérée dans l'angle interne par un pédicule court, mais assez large, se trouve ainsi placée horizontalement; elle porte, dans ce que l'on peut appeler sa gorge, des ovules, construits comme ceux des *Fremya* et par conséquent situés horizontalement et tout autour du placenta. Pour compléter l'analogie, sa face antérieure ou dorsale, complétement nue et dépourvue d'ovules, présente une fente médiane, longitudinale et profonde, qui le divise en deux lobes latéraux. Ajoutons enfin que le fruit et les graines ne présentent aucune différence essentielle avec ceux des *Fremya*. Pourquoi donc cette plante a-t-elle servi de type à un genre nouveau? Par quel caractère essentiel et important se distingue-t-elle des *Fremya*? « Par son calice operculiforme, très-différent de celui des *Fremya* qui offre cinq sépales parfaitement distincts et très-développés[1]. » Ce caractère unique suffit-il à distinger un genre? Nous ne le pensons pas D'abord il est peu important en lui-même, puisqu'il consiste en ce que les sépales, unis dans une étendue plus ou moins considérable, se détachent à la façon d'un opercule qui se déjette obliquement sur le côté. En outre, il perd beaucoup de son importance dans le cas actuel; car, en analysant un grand nombre de *Metrosideros* et de *Xanthostemon*, nous avons vu que leur calice n'est pas toujours parfaitement régulier et que les sépales, quelquefois très-inégaux, peuvent aussi être unis dans une étendue plus ou moins consi-

1. Br. et Gr., in *N. Arch. Mus.*, IV, 22.

dérable. Que reste-t-il donc du caractère invoqué? Cette seule particularité que les sépales se déchirent circulairement à un certain niveau. Cette particularité, facile à saisir, car les fleurs de cette plante sont de grande taille, peut tout au plus servir à caractériser une section du genre *Metrosideros* auquel il convient, pour les raisons développées plus haut, de réunir les *Pleurocalyptus*.

Grisebach[1] a décrit sous le nom de *Tepualia stipularis* (pl. IV, fig. 13, 14), une plante chilienne qui présente tous les caractères des *Metrosideros*. Bien qu'admis par MM. Bentham et Hooker[2], ce genre ne nous paraît en aucune façon devoir être conservé. Le seul caractère en effet par lequel on pourrait le différencier, serait la forme du placenta, qui dans cette plante est inséré à la partie inférieure de l'angle interne, pour devenir ascendant et présenter une face supérieure chargée d'un petit nombre d'ovules ascendants et anatropes, avec le micropyle en bas et en dehors. Ce caractère est-il suffisant pour légitimer ce genre? Nous ne le pensons pas; car on a vu, par tout ce qui précède, combien le placenta est variable dans le groupe des Leptospermées et cela souvent dans des espèces très-voisines par tous leurs autres caractères. La réunion que nous proposons devient bien plus rationnelle encore, si on compare le *Tepualia stipularis* avec le *Metrosideros operculata*, de la Nouvelle-Calédonie. En effet, tout est à peu près semblable dans les deux plantes, port, feuilles, caractères floraux, etc. Leur placenta s'insère également à la partie inférieure de la loge, et dans tous les deux, il est ascendant. Quelle différence y a-t-il donc? C'est que le premier n'est chargé que d'un petit nombre d'ovules, tandis que ceux-ci sont assez nombreux dans le second. Mais est-il possible d'invoquer un pareil caractère générique différentiel, quand nous voyons dans les *Bæckea*, par exemple, le nombre des ovules varier de deux à un nombre indéfini? C'est donc avec raison qu'il

1. *Pfl. Philipp. und Lechl.*, 31; in *Abh. K. Gesell. Wissensch. Gœtt.*, VI.
2. *Gen.*, I, 710, n. 36.

faut réunir le *Tepualia* aux *Metrosideros*, parmi lesquels il formeront si l'on veut, avec le *M. operculata*, un petit groupe ou section assez mal définie, il est vrai, par cette forme spéciale du placenta.

Tenore[1] a nommé *Syncarpia laurifolia*[2] (pl. I, fig. 8), une plante australienne qui possède tous les caractères des *Metrosideros*, si ce n'est que ses fleurs, intimement unies entre elles dans la portion inférieure de leur réceptacle, sont groupées en inflorescences globuleuses qui sont en réalité des capitules de petites cymes ou glomérules. Si on analyse ces fleurs, on trouve que leur réceptacle profondément concave porte sur ses bords un calice, une corolle et un androcée tout à fait comparables à ceux des *Metrosideros*. L'ovaire, logé dans la concavité du réceptacle et complétement infère, est triloculaire. Chaque loge contient, dans son angle interne et tout à fait à sa base, un placenta ascendant, pareil à ceux que nous avons étudiés dans les *Tepualia*, le *Metrosideros operculata* et le *Fremya ciliata*. Ce placenta, oblique en haut et en dehors, a sa face supérieure profondément divisée en deux parties par une fente longitudinale; il porte sur sa surface externe ou dorsale des ovules anatropes avec le micropyle en bas et en dehors. Leur nombre est intermédiaire entre celui du *Metrosideros operculata* et celui du *Tepualia*. Cette plante doit donc venir se ranger par la forme de son placenta entre ces deux dernières, dont elle s'écarte au contraire par son inflorescence, car elle ne peut pour ce dernier caractère former un genre particulier. M. F. Mueller[3] a donné le nom de *Syncarpia leptopetala* (pl. I, fig. 6) à une autre plante australienne qui diffère de l'espèce précédente au moins autant que

1. In *Mem. Soc. Ital. sc. Mod.*, XXII, t. 1.

2. F. Muell., *Fragm.*, I, 79. — *Metrosideros glomulifera* Sm., in *Trans. Linn. Soc.*, III, 269. — DC., *Prodr.*, III, 223. — *Tristania albens* A. Cunn., in *Bot. Reg.*, n. 1839. — DC., *Prodr.*, III, 210. — *Kamptzia albens* Nees, in *Nov. Act. Nat. cur.*, XVIII, *Suppl.*, *Præfat.*, 9, t. 1. — *Metrosideros procera* et *propinqua* Salisb., *Prodr.*, 351? — Benth., *Fl. austral.*, III, 265.

3. *Fragm.*, I, 79. — Benth., *Fl. austral.*, III, 266.

celle-ci, des *Metrosideros*. Ses fleurs, régulières, hermaphrodites et complétement indépendantes les unes des autres, sont aussi réunies en capitules de glomérules. Elles ont un réceptacle tubuleux et profondément concave sur les bord duquel s'insèrent un calice, une corolle et un androcée comparables à ceux du *Syncarpia laurifolia*. L'ovaire, logé dans la concavité du réceptacle, n'est qu'en partie infère, car il est libre au moins dans sa moitié supérieure. Cet ovaire est à deux loges, dont chacune contient à la base de son angle interne un petit placenta sur lequel s'insère un seul ovule ascendant, anatrope, avec le micropyle en bas et en dehors. Les différences sont, comme on le voit, assez grandes, mais nous ne les croyons pas suffisantes pour motiver la création d'un nouveau genre et pour ne pas réunir cette espèce, comme nous avons fait de la précédente, au genre *Metrosideros*, où, par le petit nombre de ses ovules elle serait l'analogue du *Bæckea crassifolia* parmi les *Bæckea*.

Les considérations dans lesquelles nous venons d'entrer à propos des *Metrosideros* et des différents groupes qui doivent désormais en faire partie, modifient quelque peu l'aire géographique de ce genre qui se trouve ainsi réparti dans une grande portion de l'hémisphère austral. On en trouve, en effet, une espèce au Chili, une dans l'Afrique australe, une autre dans l'Inde et le reste en assez grand nombre dans plusieurs îles de l'Océanie. Mais leur vrai centre se trouve désormais dans la Nouvelle-Zélande et la Nouvelle-Calédonie. Remarquons enfin que cette dernière contrée, renfermant à la fois des espèces analogues à celles de l'Australie (*Xanthostemon*), de l'Inde (*Nania*) et de la Nouvelle Zélande, peut être, dans l'état actuel de nos connaissances, regardée comme la vraie patrie des *Metrosideros*. Remarquons en même temps que l'Australie possède également plusieurs représentants de ce genre, fait qui vaut la peine d'être signalé ici, puisqu'il n'y a pas très-longtemps qu'on croyait les *Metrosideros* complétement étrangers à ce pays.

§ 4. — *Genre Tristania.*

Le genre *Tristania* a été fondé par Robert-Brown [1]. Analysons, au point de vue de la forme des placentas, quelques-unes des espèces adoptées comme types par cet auteur.

Le *Tristania conferta* R. Br. [2] (pl. III, fig. 11-13) de l'Australie a les fleurs régulières et hermaphrodites. Son réceptacle renferme dans sa concavité, un ovaire complétement infère et à 3-5 loges. Chacune d'elles contient, dans son angle interne, un gros placenta, dont toute la surface externe ou dorsale est garnie d'un très-grand nombre d'ovules anatropes et exactement semblables à ceux que l'on rencontre dans le *Leptospermum myrsinoides* et dans plusieurs *Metrosideros*, les *M. lucida* et *florida*, par exemple. Ces ovules sont anatropes, horizontaux à la partie moyenne du placenta, légèrement ascendants à la partie supérieure et descendants à la partie inférieure. Si on les détache avec soin, on voit que ce placenta présente, dans ses deux tiers supérieurs, une fente médiane et longitudinale qui le divise complétement en deux parties. Il est donc en tout point comparable à celui de certains *Leptospermum*, *Bæckea* et *Metrosideros* étudiés précédemment. Au reste, il suffit d'un coup d'œil sur les fig. 11, 12 et 13 de la planche III, pour s'en convaincre.

Nous ne pouvons que signaler en passant le *Tristania neriifolia* R. Br. [3], plante également australienne, qui a fleuri plusieurs fois

1. In *Ait. Hort. Kew*, ed. 2, IV, 417.

2. DC., *Prodr.*, III, 210. — F. Muell., *Fragm.*, IV, 57. — *Tristania subverticillata* Wendl., in *Ott. et Dietr. allg. Gartenz.*, I, 186. — *Tristania macrophylla* A. Cunn., in *Bot. Reg.*, t. 1839. — F. Muell., *Fragm.*, I, 82. — *Lophostemon arborescens* Schott, in *Wien. Zeitschr.*, III (1830), 772. — Benth., *Fl. austral.*, III, 263.

3. DC., *Prodr.*, III, 210. — Bonpl., *Pl. Malm.*, t. 30. — F. Muell., *Fragm.*, IV, 56. — Lodd., *Bot. Cab.*, t. 157. — Benth., *Fl. austral.*, III, 262. — *Melaleuca neriifolia Bot. Mag.*, t. 1058. — *Melaleuca salicifolia* Andr., *Bot. Rep.*, t. 485. — *Tristania salicina* A. Cunn., in *Bot. Reg.*, n. 1839.

au Muséum et qui possède des placentas entièrement semblables à celui du *Tristania conferta*. Cette espèce mérite toutefois une mention particulière, car par son port, ses feuilles et ses fleurs, elle ressemble tellement à la suivante, que, dans l'herbier du Muséum, les échantillons des deux plantes étaient mêlés ensemble sous le nom de *Tristania laurina* R. Br.[1] (pl. III, fig. 19-21). Cependant, si nous analysons les fleurs de cette dernière, nous voyons que ses placentas ne sont nullement semblables à ceux des *Tristania conferta* et *neriifolia*. En effet, leur réceptacle plus largement concave donne insertion à un ovaire en grande partie libre. Celui-ci renferme trois loges, et, dans leur angle interne, on observe un placenta en grande partie comparable à ceux du *Leptospermum javanicum* et du *Bæckea Gunniana*, car il s'insère vers la partie supérieure de l'angle interne, pour remonter un peu au-dessus et se prolonger davantage dans la partie inférieure de la loge, et ne porter les ovules qu'à la face inférieure. Ceux-ci sont peu nombreux, suspendus, à peu près anatropes, avec le micropyle en haut. La face antérieure ou dorsale de ce placenta est nue, elle présente une fente longitudinale; celle-ci le divise plus ou moins profondément en deux parties latérales qui se prolongent vers le haut sous forme de petites cornes analogues à celles du *Metrosideros lucida*.

Ces deux exemples suffisent déjà à nous montrer que R. Brown n'hésitait pas à placer dans son genre *Tristania* des espèces dont les placentas offraient des variations aussi considérables que celles que nous avons vues dans le genres *Bæckea* et *Leptospermum*. Mais, il faut ajouter, ainsi que nous l'avons dit plus haut, que, par leurs caractères extérieurs, ces espèces paraissent extrêmement voisines.

Le *Tristania glauca* Panch.[2] (pl. III, fig. 14-16) présente un

1. DC., *Prodr.*, III, 210. — F. Muell., *Fragm.*, I, 81. — *Melaleuca laurina* Sm., in *Trans. Linn. Soc.*, III, 275. — Benth., *Fl. austral.*, III, 264.

2. Ex Br. et Gr., in *Fragm. d'une Fl. de la N.-Caléd.*, II, 69. — *Tristaniopsis glauca* Br. et Gr., *op. cit.*, 68.

réceptacle et un ovaire à peu de chose près construits comme ceux du *Tristania laurina*. Si nous ouvrons une loge de cet ovaire, nous verrons en face de nous, des ovules, une quinzaine environ, dont la disposition est des plus singulières. On remarque, en effet, qu'ils s'insèrent au-dessus et au-dessous d'une ligne horizontale qui diviserait le placenta en deux parties égales. Ceux qui sont au-dessus de cette ligne sont ascendants avec le micropyle en bas, et ceux qui sont au-dessous sont descendants avec le micropyle en haut. Détaché de l'angle interne et vu par sa face postérieure, ce placenta a tout à fait l'aspect que nous avons observé dans plusieurs *Bæckea* (le *B. leptocaulis*, par exemple), et dans plusieurs *Leptospermum* (le *L. myrsinoides*, par exemple) c'est-à-dire que nous trouverons au centre la trace circulaire du pied par lequel se faisait l'insertion dans l'angle interne, autour une couronne dépourvue d'ovules, et à la périphérie, l'extrémité arrondie de ces ovules, ce qui nous montre que ceux ci sont arqués et comme couchés sur le placenta. Ce type est fort intéressant, car il nous montre réunies les deux dispositions que nous avons constatées, et dans le *Tepualia* avec ses ovules ascendants, et dans le *T. laurina* avec ses ovules descendants.

Les autres *Tristania* que nous avons encore analysés, ne nous ont point offert de placentas différents de ceux que nous venons d'étudier, mais seulement des variations peu importantes. Ainsi, le placenta du *T. merguensis*, avec la forme de celui du *T. laurina*, porte suspendus à sa face inférieure des ovules en nombre assez considérable, tandis que le *T. Vieillardi*[1] en a un nombre plus restreint. Le *Tristianopsis Guillainii* VIEILL[2] (pl. III, fig 17, 18) a des placentas assez semblables à ceux du *Bæckea Gunniana* (pl. II, fig. 7, 8) et du *Leptospermum lanigerum* (pl. III, fig. 6, 7), car ils ne se

1. *Tristania insularis* VIEILL., ex BR. et GR., *Fragm. d'une Fl. de la N.-Caléd.*, II, 32. — *Tristaniopsis Vieillardi* BR. et GR., *op. cit.*

2. Ex BR. et GR., *op. cit.*, III, 45.

prolongent point comme les précédents dans la partie supérieure de la loge.

Dans leurs travaux sur les Myrtacées de la Nouvelle-Calédonie, Brongniart et Gris ont proposé un nouveau nom générique, celui de *Tristaniopsis*, pour les *Tristania* qui ont les placentas semblables à ceux du *T. laurina*. Ce nouveau nom était destiné à rappeler la grande ressemblance des *Tristaniopsis* et des *Tristania*. Elle est tellement grande, en effet, qu'à l'exemple de MM. Bentham et Hooker [1], nous proposons de réunir les *Tristaniopsis* aux *Tristania* dont on n'eût jamais dû les séparer. Sur quels caractères, en effet, Brongniart et Gris se sont-ils appuyés pour fonder leur nouveau genre *Tristaniopsis?* « L'ovaire semi-adhérent et non complétement adhérent, disent-ils [2], et la disposition des ovules sur les placentas distinguent immédiatement le genre *Tristaniopsis* des vrais *Tristania.* » Ces caractères ont paru tellement peu importants à MM. Bentham et Hooker [3] qu'ils ont réuni les *Tristaniopsis* à la section *Eutristania* du genre *Tristania*. Brongniart et Gris, trouvant que, dans ce cas, les deux botanistes anglais paraissaient « avoir cédé trop aisément à cette tendance très-marquée qui les pousse à élargir souvent, d'ailleurs avec bonheur, le cadre du groupe générique, » ont cru utile de mettre en relief les caractères différentiels des *Tristania* et des *Tristaniopsis*. Ils ont donc indiqué les suivants :

1° Le nombre des ovules, relativement faible dans les *Tristaniopsis* et considérable dans les *Tristania*.

2° La forme de ces ovules ; ceux des *Tristaniopsis* offrant, dans la région du raphé, un développement considérable qui n'existe pas dans ceux des *Tristania*. La forme des graines ailées dans les *Tristaniopsis* et aptères dans les *Tristania*.

3° La forme des placentas ; ceux des *Tristania* étant recouverts

1. *Gen.*, I, 708, n. 32.
2. In *Ann. sc. nat.*, sér. 5, II, 126.
3. *Loc. cit.*

d'ovules sur toute leur surface externe ou dorsale, tandis que ceux des *Tristaniopsis* n'en ont qu'à leur face inférieure.

Voici, du reste, le passage dans son entier :

« Dans notre nouveau genre, disent-ils[1], le nombre des ovules, au lieu d'être considérable dans chaque loge, se réduit à six ou douze; ces ovules, au lieu d'être horizontaux et de recouvrir toute la face externe d'un grand placenta scutelliforme, sont suspendus au bord d'un placenta discoïde, peu développé et naissant de l'angle supérieur de chaque loge; au lieu de présenter, comme cela a lieu dans les *Tristania*, la forme régulière et typique des ovules anatropes, les ovules des *Tristaniopsis* offrent un développement considérable de leur primine dans la région qui s'étend du côté du raphé, tandis que ce tégument reste mince dans la partie opposée : il en résulte que le nucelle est comme déjeté et n'occupe qu'une partie du volume de l'ovule. Enfin, chez les *Tristania* les graines sont aptères et complétement remplies par un embryon allongé, étroit, insensiblement renflé en massue dans la partie cotylédonaire; dans les *Tristaniopsis* l'embryon piriforme n'occupe qu'une très-faible partie du volume de la graine, il est couché obliquement et presque transversalement à sa partie inférieure que surmonte une aile membraneuse très-développée. »

Reprenons chacune de ces raisons.

1° *Nombre des ovules*. A propos des *Bæckea* nous avons montré que le nombre des ovules n'offrait pas de caractère générique différentiel dans les Leptospermées, puisqu'il est extrêmement variable. Nous avons montré qu'il en était de même dans les *Metrosideros* dont les ovules, généralement nombreux, ne peuvent empêcher qu'on leur réunisse les *Syncarpia* et notamment le *Syncarpia leptopetala* (pl. I, fig. 6) qui n'a qu'un ovule dans chaque loge. Mais quand bien même on voudrait admettre cette raison, nous deman-

1. *N. Arch. du Mus.*, IV, 14.

dons à quel nombre il faut s'arrêter. Le *Tristaniopsis Callobuxus* que Brongniart et Gris[1] donnent comme le type le plus complet de leur genre *Tristaniopsis,* a 6-12 ovules, nombre qui présente beaucoup d'élasticité. Mais ne vient-on pas de voir que, dans leur *Tristaniopsis Vieillardi,* ce nombre était beaucoup moins considérable, tandis que dans la *Tristaniopsis merguensis,* il est pour ainsi dire illimité?

2° *Forme des ovules et des graines.* Dans les *Tristania* et les *Tristaniopsis,* les ovules sont toujours anatropes La différence entre les deux provient de ce que dans les seconds, la région du funicule est un peu plus développée et deviendra une aile très-courte dans la graine. Nous pensons inutile de réfuter ces considérations, car il serait trop facile de montrer qu'on n'a jamais songé à établir des genres sur des différences aussi minutieuses, et ne sait-on pas que plusieurs genres de Caryophyllées et de Crucifères ont des espèces à graines aptères et d'autres où il y a une aile plus ou moins développée? Qu'est-il besoin, du reste, d'aller chercher si loin des arguments quand nous voyons les fondateurs du genre *Tristaniopsis* admettre dans leur prétendu genre *Fremya* une espèce à graines ailées comme le *Fremya ciliata,* tandis que les graines des autres espèces sont aptères?

3° *Forme des placentas.* On a vu, par les détails dans lesquels nous sommes entré à propos des *Fremya,* quelle importance secondaire avait la forme des placentas dans le groupe que nous étudions et cette raison pourrait déjà suffire. Mais dans le cas actuel, le *Tristaniopsis glauca* nous apporte une trop forte preuve en faveur de notre opinion, pour que nous n'y insistions pas un peu. N'avons-nous pas vu, en effet, que ce placenta, dont la forme est semblable à celle de tant de *Bæckea,* de *Leptospermum* et de *Metrosideros,* nous présentait des ovules ayant les uns la disposition de ceux qui

1. *Nouv. Arch. Mus.,* IV, 12, t. 5.

existent dans les plantes dont on veut faire des *Tristaniopsis* et les autres la direction de ceux des vrais *Tristania*. Si l'on admet l'opinion de Brongniart et Gris, il faudra donc créer un nouveau type générique sur le placenta du *Tristaniopsis glauca* et faire consécutivement autant de genres différents dans les *Bæckea*, les *Leptospermum* et les *Metrosideros* qu'il y existe de sortes différentes de placentas. Autant vaudrait alors proposer un genre pour chaque espèce et anéantir complétement le groupe générique; conclusion qu'auraient certainement repoussée Brongniart et Gris. Au reste, ces auteurs attachaient eux-mêmes une bien mince importance à la forme du placenta, car ils n'ont pas hésité à faire un *Tristaniopsis* de la plante en question, dont le placenta porte cependant des ovules sur toute sa surface extérieure, comme dans leurs *Tristania*.

CHAPITRE III.

De l'Insertion dans les Myrtacées.

Pour constituer ses familles naturelles, Adanson comptait les caractères, attribuant à chacun une égale valeur. Conséquemment, il rapprochait les plantes qui avaient le plus grand nombre de caractères communs et éloignait celles dont les caractères différentiels étaient les plus nombreux. A.-L. de Jussieu, au contraire, donnant aux caractères une valeur très-inégale, admettait entre eux une sorte de gradation appelée subordination. Parmi ceux qu'il faisait passer en première ligne et qu'il regardait comme supérieurs, il faut ranger l'insertion relative du pistil et des étamines (ou de la corolle quand celle-ci porte les étamines, comme cela a lieu dans la plupart des plantes à corolle gamopétale). Ce caractère, tiré de l'insertion relative du gynécée et de l'androcée, est tellement important aux yeux d'A.-L. de Jussieu, qu'il le fait entrer pour ainsi dire en première ligne dans l'établissement des groupes auxquels il a donné le nom de classes.

Voici en quoi il consiste : Quand on fait passer deux plans horizontaux, l'un par la base d'insertion du gynécée, l'autre par la base d'insertion de l'androcée, il peut se présenter deux cas : 1° le premier plan se trouve au-dessus du second ; alors les étamines (ou du moins leur insertion) se trouvant situées au-dessous du gynécée, sont dites *hypogynes*. 2° L'inverse a lieu, c'est-à-dire que le second plan est au-dessus du premier ; alors les étamines se trouvant au-dessus du gynécée sont dites *épigynes*. Entre ces deux situations, si nettes en théorie, A.-L. de Jussieu admettait un troisième cas, c'est celui dans lequel le plan horizontal passant par l'insertion des étamines, bien que se trouvant au-dessus de celui qui passe par la base du pistil, n'était pas supérieur à ce dernier organe, mais le coupait à une hauteur quelconque ; alors les étamines rangées pour ainsi dire autour du pistil, étaient dites, *périgynes*. Tels sont les trois caractères qui servent à établir les classes dans la méthode de A.-L. de Jussieu. D'après lui, ces caractères sont tellement nets, tellement tranchés, tellement absolus, dirai-je, que rencontrés seuls dans une plante, ils déterminent, indépendamment des autres, la place qu'elle doit occuper dans la classification. Or de quel organe dépend en grande partie l'insertion relative du gynécée et de l'androcée? D'un organe peu étudié et pour ainsi dire méconnu à l'époque de A. L. de Jussieu et encore mal interprété de nos jours par la plupart des botanistes qui ne tiennent pas un compte suffisant des lumières apportées dans cette question par les études organogéniques. Cet organe si important, c'est le *réceptacle*, c'est-à-dire la portion de l'axe qui porte tous les appendices qui entrent dans la composition de la fleur : calice, corolle, androcée et gynécée. C'est cet organe que de Candolle a appelé *Thalamus* et auquel il a fait jouer un rôle considérable en le prenant comme caractère distinctif de sa classe des Thalamiflores. Il est établi aujourd'hui que le réceptacle porte le gynécée vers son sommet organique et successivement de la base au sommet, le calice, la corolle et l'androcée. Mais le réceptacle, comme les autres organes, et peut-être plus qu'eux, étant de sa nature essentiellement polymorphe, il s'ensuit que l'insertion relative du gynécée et de l'androcée variera comme variera la forme du réceptacle. Or toutes ces variations de formes s'expliquent par des inégalités de développement. En effet, si c'est le sommet organique du réceptacle qui s'accroît plus vite que la périphérie, cet organe prendra une forme plus ou moins conique et l'insertion sera naturellement hypogynique. Si, au contraire, la périphérie croît plus vite que le sommet organique, le réceptacle prendra la forme concave et l'insertion sera périgynique ou épigynique suivant le degré plus ou moins grand de la concavité réceptaculaire. Mais ici se présente une autre circonstance qui doit faire l'objet de ce chapitre. En effet, avec un réceptacle concave, l'ovaire peut être libre et indépendant, comme lorsqu'il y a hypogynie, ou adhérer plus ou moins à la cupule réceptaculaire. Quand cette dernière condition est réalisée, l'ovaire est dit infère ou adhérent. Ce dernier mot rend assez mal ce qui a lieu en réalité, mais nous sommes obligés de l'employer à cause de l'usage fréquent que l'on en fait, car il n'y a pas à proprement parler adhérence du gynécée au réceptacle ; seulement, dans le cas où l'ovaire est libre, sa paroi est constituée tout entière, ou à peu près par les feuilles carpellaires, tandis que lorsqu'il est adhérent, elle est formée pour une part plus ou moins grande, par le réceptacle lui-même qui se creuse, pour employer une expression connue qui explique parfaitement les apparences. Mais en réalité le réceptacle ne se creuse pas et il y a ici, comme tout à l'heure, inégalité de développement; la portion du réceptacle qui constituera une partie de la cavité ovarienne, cesse de s'accroître ou s'accroît moins que les parties environnantes. Ainsi donc, dans le cas où le réceptacle est concave, l'ovaire peut être libre ou adhérent, et les étamines périgynes et épigynes. Ces deux insertions dépendront ainsi du degré plus ou moins grand d'adhérence du réceptacle au gynécée. Or comme il y a toutes les transitions possibles entre ces différents degrés, il s'ensuit qu'il y aura aussi toutes les transitions possibles entre l'épigynie et la périgynie. Ce n'est point là du reste une opinion purement personnelle ; car dès 1843, Brongniart confondant en un seul, sous le nom de périgynie, les deux modes d'insertion que A.-L. de Jussieu avait appelés *périgynie* et *épigynie*, portait à la méthode prétendue naturelle, un coup dont elle n'a pu se relever. En effet, il démontrait par là le peu de valeur qu'il fallait accorder à ces caractères primordiaux qui tiendraient, d'après les principes, les autres sous leur dépendance.

Certains botanistes de nos jours refusent encore de se rendre à l'évidence de ces faits et ne reconnaissent plus le réceptacle dans les cas où l'ovaire est adhérent. Ils l'appellent alors tube du calice ; d'où cette expression si commune dans les traités de botanique descriptive : « *calycis tubus ovario adnatus*, tube du calice adné à l'ovaire » ; et d'après eux, c'est ce tube du calice, par conséquent un organe appendiculaire, qui porte d'autres organes, la corolle et l'androcée. Ils renversent ainsi toutes les saines notions de la morphologie végétale, qui repose essentiellement sur la distinction des axes et des appendices, les premiers portant les appendices et les seconds étant toujours portés et ne portant jamais rien.

Quoiqu'il en soit de cette interprétation vicieuse des faits, il arrive dans la nature qu'on trouve toutes les transitions entre les insertions hypogynique, périgynique ou épigynique des étamines, et cela non-seulement dans l'ensemble du règne végétal, mais même dans des familles très-naturelles, groupes cependant plus homogènes que les classes, dont la distinction devrait se faire à l'aide de ces caractères prétendus primordiaux. Quelques exemples vont nous en donner la preuve. Nous les choisirons surtout dans quelques-unes des familles les plus connues, appartenant à l'hypopétalie de Jussieu, c'est-à-dire à des plantes regardées par lui comme essentiellement hypogyniques.

La famille des Renonculacées passe, à tort ou à raison, car ce n'est point ici le lieu d'examiner cette question, pour une des plus naturelles et des plus parfaites. Cependant nous voyons qu'on y place des plantes tout à fait hypogynes, c'est-à-dire à réceptacle convexe, comme les Ancolies, les Anémones, les Renoncules, etc., et d'autres plus ou moins périgynes, c'est-à-dire à réceptacle légèrement concave, comme les Pivoines[1].

Il en est de même dans les Papavéracées qui renferment des genres à réceptacle convexe, comme les *Papaver* et les *Chelidonium*, et d'autres à réceptacle concave, comme les *Eschscholtzia*; dans les Crucifères qui, presque toutes hypogynes et caractérisées par un réceptacle convexe, n'en comprennent pas moins le genre *Subularia*, à réceptacle concave et à insertion périgynique, genre possédant tellement tous les autres caractères des Crucifères qu'il est impossible de l'en séparer. Ces exemples qu'il est facile de multiplier, montrent combien la forme du réceptacle et par conséquent l'insertion est variable, mais dans tous ces cas l'ovaire reste libre ; il est donc nécessaire de montrer qu'il y a également des familles où l'ovaire peut être libre ou adhérent. Celle des Primulacées, rangée dans l'hypocorollie de Jussieu, nous montre des genres à réceptacle convexe et à insertion hypogynique, comme les *Primula*, les *Anagallis*, les *Lysimachia*, etc., d'autres à réceptacle concave avec insertion périgynique et avec ovaire infère et adhérent, comme les *Mæsa* et les *Samolus*. La famille des Rosacées, où le réceptacle, généralement concave, affecte les formes si variables que nous rencontrons dans les Roses, les Fraisiers, les Pruniers et les Poiriers, etc., ne possède-t-elle pas des genres à ovaire libre et non adhérent, comme les Pruniers et d'autres à ovaire infère et adhérent, comme les Poiriers. Les étamines, périgynes dans les Pruniers, ne sont-elles pas épigynes dans les Poiriers?

1. Cons. H. BAILLON, *Hist. des pl.*, I, 63, fig. 110-112.

Ainsi donc, le caractère de l'insertion, dépendant essentiellement de la forme du réceptacle, est loin d'être absolu, même dans des familles très-naturelles, et nous avons pris à dessein nos exemples dans celles admises par A.-L. de Jussieu lui-même, pour montrer que ce grand génie savait au besoin faire plier devant les faits ces principes que depuis lui on a eu la prétention de regarder comme immuables et absolus. Il nous est facile, en suivant la marche adoptée dans le chapitre précédent sur la placentation, de montrer que le caractère tiré de l'insertion est, dans certains cas, tellement peu absolu qu'il ne suffit plus pour distinguer les genres et qu'il est tout au plus propre à séparer les espèces.

C'est ce que nous allons montrer par quelques exemples bien typiques. Le genre *Saxifraga*, déjà si remarquable au point de vue de la placentation, possède des espèces qui, comme le *Saxifraga rotundifolia*, ont un réceptacle légèrement convexe et, par conséquent, une insertion hypogynique et un ovaire totalement supère; d'autres, comme le *Saxifraga crassifolia* qui, avec un réceptacle légèrement concave, ont une insertion périgynique et un ovaire libre et non adhérent; puis le *Saxifraga granulata*, dans lequel cette concavité du réceptacle s'accentue, au point que l'insertion est nettement périgynique avec l'ovaire adhérent dans sa moitié inférieure; enfin le *Saxifraga irrigua* [1], avec un réceptacle encore plus concave, une insertion épigynique et un ovaire tout à fait infère et adhérent. Cependant, en admettant dans leur rigueur les caractères prétendus immuables de A.-L. de Jussieu, ne faudrait-il pas mettre dans trois classes distinctes, ces plantes qu'aucun botaniste ne songera à éloigner les unes des autres, tellement leurs autres caractères offrent de ressemblance? Mais ne croyons pas que ces faits soient isolés dans la nature. M. H. Baillon [2] a montré que le genre *Dicha-*

1. Voy. H. Bn, *Hist. des pl.*, III, 326, fig. 359-362.

2. In *Compt. rend. de l'Assoc. franç.*, II, 471, t. 7, fig. 1-3; *Hist. des pl.*, V, 139, fig. 221-225.

petalum DUP.-TH., connu autrefois sous le nom de *Chailletia*, et que R. Brown[1] a pris pour type de sa famille des Chailletiées, aujourd'hui réunie à celle des Euphorbiacées, renfermait également des espèces à insertion hypogynique (*D. pedunculatum*), périgynique (*D. Heudelotii*) et épigynique (*D. hispidum*), avec toutes les transitions intermédiaires entre ces trois types principaux. « De sorte que voilà un genre indissociable, ajoute M. H. Baillon[2], dont les espèces cependant devraient, suivant les anciens errements de la classification, être rapportées à l'épigynie, à la périgynie et à l'hypogynie. »

Ce point de vue n'est donc pas nouveau, mais comme il ne saurait être trop bien éclairci, nous sommes très-heureux que nos recherches sur les Myrtacées nous aient apporté de nouveaux arguments en sa faveur. Nous allons montrer, en effet, qu'il y a dans des genres très-naturels de cette famille, des transitions si nettes entre l'ovaire adhérent et l'ovaire libre, qu'il est impossible de s'appuyer sur ce caractère pour en établir de nouveaux. Chose assez particulière, nous n'irons guère chercher nos arguments ailleurs que dans les plantes qui nous ont fourni toutes ces formes si curieuses et si étonnantes dans leur placenta. Ce n'est pas sans intention que nous signalons ce fait, car on y verra une fois de plus combien la nature se joue des classifications, et combien sont faibles les différences qui séparent des êtres au premier abord très-différents, quand on sait bien choisir les intermédiaires.

Le *Bæckea Fumana* F. MUELL.[3], petit arbrisseau de l'Australie, a un réceptacle concave en forme de coupe hémisphérique, sur les bords de laquelle s'insèrent le calice, la corolle et l'androcée, tandis que son fond, qui est ici le sommet organique, donne insertion, par

1. In *Tuckey Congo*, 442.
2. *Op. cit.*, 476.
3. *Fragm.*, IV, 68. — BENTH., *Fl. austral.*, III, 74. — *Rinzia Fumana* SCHAU., in *Linnæa*, XVII, 239; in *Pl. Preiss.*, I, 108.

une large base, il est vrai, à un ovaire globuleux, complétement supère. Nous verrons plus tard que cette espèce répond assez exactement à la forme du réceptacle et à la liberté de l'ovaire que l'on a invoquées comme caractères différentiels, pour fonder les nouveaux genres *Fremya* et *Tristaniopsis*. Mais ce n'est pas le lieu de nous arrêter à ces considérations, car pour le moment nous n'avons d'autre but que de montrer les espèces intermédiaires qui vont nous conduire à l'ovaire tout à fait infère. Dans les *B. platystemona* Benth.[1] et *scholleri/olia* Lehm.[2], le réceptacle et l'ovaire sont à peu près semblables à ceux du *B. Fumana*; avec cette légère différence que l'ovaire, libre seulement dans sa plus grande partie, adhère au réceptacle par une portion un peu plus considérable que tout à l'heure.

A la suite des précédents se place le *B. oxycoccoides* Benth.[3], dont l'ovaire un peu moins libre nous mène au *B. dimorphandra* F. Muell.[4], dont l'ovaire, adhérent dans la plus grande partie de sa hauteur, ne devient libre que dans sa portion supérieure. Le *B. thymifolia* Hook, f.[5], dont il a déjà été question dans le chapitre précédent, possède un réceptacle concave avec un ovaire adhérent seulement dans sa moitié inférieure, tandis que la moitié supérieure est libre et convexe. Ces formes transitoires nous mènent ainsi graduellement à ces *Bæckea* dont l'ovaire est complétement infère et adhérent, et dont il suffit de donner quelques exemples (*B. camphorata, frutescens, diosmifolia, obovata, obtusifolia, leptocaulis*, etc.). Nous nous arrêtons dans l'énumération des espèces qui présentent ce caractère, car ce sont les plus nombreuses parmi celles qui composent le genre *Bæckea*. On sait en effet que les Myrtacées étaient

1. *Fl. austral.*, III, 74.
2. In *Pl. Preiss.*, II, 369. — Benth., *Fl. austral.*, III, 75.
3. *Loc. cit.*
4. *Herb.*, ex Benth., *op. cit.*, 74.
5. Voy. p. 9 note 4.

rangées par A.-L. de Jussieu dans la *Péripétalie*. La conclusion qui ressort de ce court examen des *Bæckea,* au point de vue de l'adhérence plus ou moins grande de l'ovaire avec le réceptacle, est exactement la même que celle qui résulte de la considération des placentas. Les divisions génériques proposées pour le genre *Bæckea* n'ont pas été admises par la généralité des auteurs, bien que les différentes espèces qui le composent nous montrent une série complète, depuis l'ovaire pour ainsi dire entièrement libre et supère, jusqu'à l'ovaire totalement infère et adhérent. Il en ressort cette conséquence naturelle : ce qui n'est pas admis pour les *Bæckea,* ne saurait non plus l'être pour les *Metrosideros* et les *Tristania,* dont on a voulu séparer certaines espèces, sous les noms de *Syncarpia, Fremya* et *Tristaniopsis*. Une observation très-facile et qui montre le peu de valeur qu'il faut attribuer au caractère tiré de l'adhérence plus ou moins considérable de l'ovaire avec le réceptacle, dans les Myrtacées, c'est que ce caractère varie avec l'âge de la fleur et du fruit. On voit souvent en effet, ce dernier devenir d'autant plus libre, qu'on se rapproche davantage de l'époque de la maturité.

Sans nous offrir des espèces à ovaire complétement libre, les *Leptospermum* n'en sont pas moins propres à fortifier les conclusions qui découlent si naturellement de l'examen des *Bæckea*. Car on y trouve également toutes les transitions entre l'ovaire semi-infère ou semi-adhérent et l'ovaire totalement infère ou adhérent, et l'on y voit tout aussi nettement l'ovaire devenir d'autant plus libre que le fruit approche davantage de la maturité. L'examen de quelques espèces suffisant à la démonstration, nous nous contenterons de signaler les *Leptospermum Fabricia* Benth., *flavescens* Sm., *lanigerum* Sm. (pl. III, fig. 6, 7), *rupestre* Hook. f., etc., comme ayant l'ovaire et surtout le fruit plus ou moins libre, et les *L. lævigatum,* F. Muell., *stellatum* Cav., *attenuatum* Sm., *ellipticum* Endl., etc., comme ayant l'ovaire à peine libre ou tout à fait adhérent. Ces particularités sont loin d'être spéciales aux deux genres *Bæckea* et

Leptospermum, car on les retrouve dans plusieurs autres genres très-voisins de ceux-ci, dans les *Hypocalymna*[1] entre autres. Concluons donc que l'adhérence plus ou moins grande de l'ovaire avec le sac réceptaculaire n'est pas un caractère suffisant, dans les Myrtacées, pour mettre dans des genres différents les plantes qui ne diffèrent entre elles que sous ce rapport.

Si nous étudions au même point de vue le genre *Metrosideros*, nous verrons que, parmi les espèces les plus anciennes et les plus incontestables, nous trouverons tous les passages entre l'ovaire presque complétement libre et l'ovaire totalement infère. Le *M. scandens*[2] (pl. I, fig. 5), de la Nouvelle-Zélande, a un réceptacle en forme d'entonnoir au fond duquel on trouve inséré, par une large base, un ovaire presque complétement libre. Le *M. collina* A. Gr., des îles Viti, avec la même forme du sac réceptaculaire, possède un ovaire adhérent au réceptacle dans une très-faible étendue. Il en est de même du *M. vera* Lindl. (pl. II, fig. 7-10), espèce de l'Inde sur laquelle il est facile d'observer qu'en mûrissant, l'ovaire devient de plus en libre, car son fruit n'adhère pas plus au réceptacle que celui de plusieurs *Fremya*. Dans le *M. lucida* Menz., l'ovaire adhère au réceptacle dans une plus grande étendue, car il n'est guère libre que dans son tiers supérieur, du moins à l'époque de l'épanouissement de la fleur. Cette portion libre de l'ovaire diminue encore dans les *M. angustifolia* E. Mey. et *operculata* Labill. Dans le *M. laurifolia* Br. et Gr., elle est tout à fait nulle, car l'ovaire y est complétement infère et adhérent. C'est pour n'avoir pas fait attention à tous ces intermédiaires dans

1. Les espèces qui composent ce genre ne différant essentiellement des *Bæckea* que par leurs étamines légèrement monadelphes à la base, il serait plus logique de ne considérer les *Hypocalymna* que comme une section du genre *Bæckea*.

2. Banks et Sol., *Fl. N.-Zel.*, I, 69. — *M. perforata* A. Rich. — *M. buxifolia* A. Cunn. — *Melaleuca perforata* Forst., *Prodr.* — *Leptospermum perforatum* Forst. — Hook. f., *Handb. N.-Zeal. Flora.*

l'insertion de l'ovaire, que Brongniart et Gris ont adopté comme caractère distinctif, dans le genre *Fremya,* la non-adhérence de l'ovaire avec le réceptacle, car dans la plupart de ces plantes, comme du reste dans les *M. vera, scandens,* etc., le fruit est à peu près libre à la maturité. Nous disons la plupart, car une fois entraînés dans cette voie de faire quand même des genres, pour des caractères différentiels essentiellement variables, ces auteurs ne pouvaient rester longtemps conséquents avec eux-mêmes. C'est ainsi qu'ils n'ont pas hésité à rapporter à leur genre *Fremya,* sous le nom de *F. ciliata,* la plante que Forster avait successivement appelée *Melaleuca ciliata* et *Leptospermum ciliatum,* bien que cette espèce eût un ovaire semi-adhérent, des graines ailées et un placenta légèrement différent de celui des autres *Fremya.* On voit donc que ce dernier genre ne se soutient pas plus au point de vue de la liberté de l'ovaire qu'à celui de la placentation, et que sous tous les rapports il doit être rejeté.

Les *Syncarpia,* qui doivent être réunis aux *Metrosideros,* comme nous l'avons démontré plus haut, renferment deux espèces également remarquables au point de vue qui nous occupe, puisque l'une d'elles (*S. laurifolia*) a l'ovaire complétement infère (pl. I, fig. 8), et l'autre (*S. leptopetala*) a l'ovaire libre dans plus de sa moitié supérieure (pl. I, fig. 6). Quand bien même on n'admettrait pas, comme nous le proposons, la réunion des *Syncarpia* aux *Metrosideros,* il n'en reste pas moins avéré qu'on n'hésite pas à réunir l'une à l'autre, sous le même nom générique, deux espèces qui présentent une différence aussi notable dans la structure de leur ovaire. Ce point est du reste le seul que nous examinons ici.

Nous allons maintenant montrer qu'il en est de même du genre *Tristaniopsis,* et pour cela nous n'avons qu'à étudier les *Tristania.* En fondant ce dernier, R. Brown y admettait des espèces qui, comme les *T. neriifolia et conferta,* avaient un ovaire complétement infère et adhérent, et d'autres qui, comme le *T. laurina,* avaient l'ovaire semi-adhérent. Depuis, M. F. Mueller[1] n'a pas hésité à placer dans le même genre, le *Tristania lactiflua,* espèce australienne qui, avec un placenta de la forme prétendue caractéristique du genre *Tristaniopsis,* possède un ovaire complétement infère. A. Cunningham[2] a décrit également, sous le nom de *Tristania psidioides,* une autre espèce australienne dont l'ovaire, presque totalement infère dans la fleur, puisque son sommet convexe est seul libre, devient toutefois un fruit globuleux n'adhérant plus au réceptacle que par une base un peu large. On voit donc que le genre *Tristaniopsis* ne se soutient pas plus par la particularité que présenterait son ovaire qu'au point de vue de la placentation.

La conclusion que nous devons tirer de nos recherches est facile; elle découle naturellement de ce qui précède.

Aucun des caractères invoqués pour fonder les genres *Xanthostemon, Fremya, Tristaniopsis, Tepualia, Syncarpia, Pleurocalyptus* ne peut être invoqué comme différentiel, puisqu'ils existent avec toutes les transitions possibles dans les espèces qui composent les genres *Tristania et Metrosideros*. D'ailleurs, quand bien même on voudrait conserver, sous un nom générique distinct, les espèces qui portent le nom de *Fremya,* ce dernier nom devrait être abandonné comme étant postérieur de cinq ans à celui de *Xanthostemon*.

CHAPITRE IV

Sur les nouvelles affinités des Myrtacées.

Endlicher, sans indiquer les affinités des Myrtacées, les place entre les Mélastomacées et les Pomacées. MM. Bentham et Hooker éloignent les Myrtacées de cette dernière famille, et les placent à la suite des Rhizophoracées et des Combrétacées et avant les Mélastomacées. En outre, ils indiquent leurs affinités avec ces der-

1. *Fragm.*, I, 82. — Benth., *Fl. austral.*, III, 263.
2. In *Bot. Reg.*, n. 1839. — Benth., *Fl. austral.*, III, 264.

nières et aussi avec les Lythariacées. Quoique s'en distinguant assez facilement, les Myrtacées n'en sont pas moins étroitement unies aux Mélastomacées, Lythrariacées, Combrétacées et Rhizophoracées. Ces affinités montrent que jusqu'à présent on a comparé, comme le faisait Endlicher, les Myrtacées avec les plantes à ovaire infère. Les détails dans lesquels nous sommes entrés à propos des Myrtacées dont l'ovaire est libre ou à peu près, et particulièrement ce que nous avons dit de certains *Metrosideros* et de certains *Tristania*, dans lesquels l'ovaire n'adhère plus au réceptacle que par une large base d'insertion, nous autorise à comparer les Myrtacées avec d'autres familles où l'ovaire est supère. La première qui se présente naturellement est celle des Hypéricacées. Ces plantes ont, en effet, pour caractères : un réceptacle convexe, des sépales et des pétales libres, des étamines réunies en faisceaux oppositipétales, des feuilles opposées et ponctuées. Or, à part la forme du réceptacle qui est toujours concave dans les Myrtacées, tous ces caractères se retrouvent dans cette famille. Pour s'en convaincre, il suffit d'un coup d'œil sur les figures 1 et 9 de la planche I. La première représente le *Vismia guianensis*, qui était un *Hypericum* pour Linné, et la seconde, une forme du *Tristaniopsis Guillainii* Vieill. Il y a beaucoup d'autres Myrtacées, du même genre ou des genres voisins qui, comme celles-ci, ont des fleurs jaunes, tout à fait semblables, au premier aspect, à celles des Millepertuis. Les bouquets d'étamines pentadelphes, l'indépendance à peu près absolue du gynécée, le grand nombre de petits ovules réunis sur les placentas sont exactement la même chose de part et d'autre. La disposition des feuilles, allongées, entières, assez épaisses, criblées de toutes parts de points glanduleux qui répondent à autant de réservoirs d'essence, sont aussi les mêmes dans les deux types. Il est facile, en somme, de voir qu'à part la forme du réceptacle, convexe dans la première, concave dans la seconde, tout est à peu près semblable, sépales et pétales libres, étamines réunies par leurs filets, en faisceaux oppositipétales, ovaire pluriloculaire avec des placentas dans l'angle interne, fruit capsulaire. Ajoutons à cela que très-souvent les Myrtacées ont des feuilles opposées et ponctuées, et il ne sera plus douteux pour personne que, dans la classification, ces deux familles ne pourront plus être éloignées, comme on le fait généralement. Il est vrai que les Hypéricacées sont le plus souvent placées parmi des groupes remarquables par leur placentation pariétale et que cette dernière est relativement assez rare dans les Myrtacées. Mais, outre qu'à l'âge adulte, il y a des genres de Myrtacées, comme le *Rhodamnia*, qui sont uniquement distingués des genres voisins par ce fait que leur ovaire est uniloculaire, avec des placentas pariétaux. Il y a beaucoup plus de Myrtacées qu'on ne le pense, qui, même à l'âge adulte, n'ont pas les loges complétement séparées en dedans les unes des autres. La division en loges est le terme, mais avant d'en arriver là, les placentas à évolution centripète sont plus ou moins développés, et il arrive fréquemment que, jusques aux derniers jours, ils ne soient pas exactement en contact sur la ligne axile du gynécée. Dernièrement, M. H. Baillon a encore indiqué des rapprochements très-intéressants entre les Myrtacées et les Clusiacées, rapprochements qui montrent que les familles présenteront des rapports d'autant plus nombreux, qu'on étudiera avec plus de soin, un plus grand nombre de leurs réprésentants.

« Tout le monde, dit M. H. Baillon[1], admet les étroites affinités des Clusiacées et des Hypéricacées. On ne sait vraiment où tracer leur ligne de démarcation, et on hésite à placer un genre tel que l'*Endodesmia* plutôt parmi les unes que parmi les autres. » D'ailleurs, les Clusiacées ont des feuilles opposées et sans stipules, ordinairement entières, comme celles des Myrtacées. Elles peuvent aussi être glanduleuses-ponctuées. C'est depuis quelque temps par

1. In *Bull. soc. Linn. Par.*, 77.

les caractères tirés de l'organisation de l'embryon qu'on classe les principaux groupes de la famille des Guttifères. Eh bien! fait des plus intéressants, l'embryon exceptionnel de certaines Clusiacées, dépouvu d'albumen, charnu, macropode, ou même complétement indivis, sans trace de gemmule et de cotylédons, se retrouve précisément dans plusieurs Myrtacées, comme les *Lecythis* et les *Bertholletia*.

Si donc, comme on l'a vu plus haut, les Hypéricacées peuvent être considérées comme des Myrtacées hypogynes, il est impossible de nier les rapports qui rattachent cette dernière famille aux Clusiacées.

EXPLICATION DES PLANCHES

PLANCHE I

Genres VISMIA, METROSIDEROS et TRISTANIA.

Fig. 1. *Vismia guianensis*. Coupe longitudinale de la fleur.

Fig. 2. *Metrosideros aurantiaca* (*Fremya aurantiaca* BR. et GR.). Coupe longitudinale de la fleur montrant qu'à l'époque de l'anthèse, l'ovaire est presque entièrement libre. On n'a dessiné que sur deux filets staminaux les glandes nombreuses dont cette plante est chargée.

Fig. 3. *M. scandens*. Coupe longitudinale de la fleur montrant qu'à l'époque de l'anthèse, l'ovaire est presque entièrement libre.

Fig. 4. *M. macropus*. Coupe longitudinale de la fleur montrant que l'ovaire, adhérent au réceptacle dans sa plus grande portion inférieure, ne devient libre qu'à la partie supérieure.

Fig. 5. *M. tomentosa*. Coupe longitudinale de la fleur montrant que l'ovaire est libre dans une portion un peu plus considérable que dans la figure précédente.

Fig. 6. *M. leptopetala* (*Syncarpia leptopetala*). Coupe longitudinale de la fleur, montrant que l'ovaire n'est adhérent au réceptacle que dans son tiers inférieur.

Fig. 7. *M. ciliata* (*Fremya ciliata* BR. et GR.). Coupe longitudinale de la fleur, montrant que l'ovaire est semi-adhérent.

Fig. 8. *M. laurifolia* (*Syncarpia laurifolia*). Coupe longitudinale de la fleur, montrant que l'ovaire est totalement infère.

Fig. 9. *Tristania Guillainii*, var. *Balanseana*. Coupe longitudinale de la fleur. La comparaison entre cette figure et la figure 1 montre les affinités étroites des Myrtacées et des Hypéricacées, puisque entre les deux il n'y a d'autre différence essentielle que la forme du réceptacle, convexe dans la figure 1, et concave dans la figure 9.

PLANCHE II

Genre BÆCKEA.

Fig. 1. *Bæckea leptocaulis*. Ovaire dont une loge est ouverte par le dos, pour montrer la disposition des ovules sur deux séries à peu près longitudinales.

Fig. 2. Placenta de la même plante, détaché et vu par sa face ventrale. Au centre se voit le court pédicule par lequel se fait l'insertion dans l'angle interne de la loge.

Fig. 3. Coupe longitudinale du même ovaire, intéressant le milieu des deux loges, et montrant l'insertion du placenta et des ovules.

Fig. 4. Face dorsale de ce même placenta débarrassé de ses ovules.

Fig. 5. *B. crassifolia*. Ovaire dont une loge est ouverte par le dos, pour montrer qu'elle renferme deux ovules collatéraux, ascendants, avec le micropyle en bas et en dehors.

Fig. 6. Coupe longitudinale de cet ovaire, montrant que l'ovule s'insère presque à la base de la loge.

Fig. 7. *B. Gunniana.* Ovaire dont une loge, ouverte par le dos, montre un placenta à face antérieure nue, et à face inférieure chargée d'ovules descendants.

Fig. 8. Coupe longitudinale du même ovaire, montrant que le placenta s'insère près du sommet de l'angle interne et que les ovules placés par-dessous sont descendants, avec le micropyle en haut et en dehors.

Fig. 9. *B. pinifolia.* Ovaire dont une loge ouverte par le dos, montre le placenta avec une face antérieure elliptique, nue et parcourue dans ses deux tiers supérieurs par une ligne médiane et longitudinale. On voit également que les ovules sont situés à la périphérie de ce placenta.

Fig. 10. Coupe longitudinale du même ovaire passant par le milieu de la loge et du placenta. On y voit l'insertion de cet organe, sa forme peltée et la situation des ovules, qui sont légèrement arqués et semi-anatropes avec le micropyle en dehors. Cette figure montre également que la fente médiane et longitudinale de la face dorsale du placenta est peu profonde.

Fig. 11. *B. linifolia.* Ovaire dont une loge est ouverte par le dos, pour montrer la disposition des ovules autour du placenta et le sillon large et profond de la face dorsale de cet organe. La comparaison de cette figure avec les figures 1 et 9 fait voir que cette forme du placenta est intermédiaire aux deux autres.

Fig. 12. Face dorsale du même placenta après qu'on en a détaché les ovules.

Fig. 13. Face ventrale du même placenta.

Fig. 14. *B. Behrii.* Ovaire dont une loge est ouverte par le dos, pour montrer la disposition des ovules autour du placenta.

Fig. 15. Coupe longitudinale de la même plante, intéressant le milieu de la loge et du placenta.

Fig. 16. Face ventrale du même placenta.

PLANCHE III

Genres LEPTOSPERMUM et TRISTANIA.

Fig. 1. *Leptospermum coriaceum.* Ovaire dont une loge est ouverte par le dos, pour montrer la disposition des ovules sur deux séries longitudinales. Comparer ce type à ceux représentés planche II, fig. 1, 5 et 6.

Fig. 2. Coupe longitudinale du même ovaire, intéressant le milieu d'une loge et de son placenta.

Fig. 3. *L. myrsinoides.* Ovaire dont une loge est ouverte par le dos, pour montrer la disposition des ovules sur quatre séries longitudinales.

Fig. 4. Face ventrale de ce placenta.

Fig. 5. Coupe longitudinale du même ovaire, intéressant le milieu d'une loge et de son placenta.

Fig. 6. *L. lanigerum.* Placenta et ovules vus par la face dorsale de la loge. Ce type répond à celui représenté planche II, fig. 7.

Fig. 7. Face postéro-latérale de ce même placenta, montrant son insertion à l'angle interne de la loge et celle des ovules.

Fig. 8. *L. javanicum.* Loge ovarienne ouverte par le dos, pour montrer la face dorsale du placenta et la situation des ovules.

Fig. 9. Face postéro-latérale du même.

Fig. 10. Coupe longitudinale intéressant le milieu d'une loge et de son placenta, et destinée à montrer l'insertion du placenta et celle des ovules.

Fig. 11. *Tristania conferta.* Loge ovarienne ouverte par le dos, pour montrer la disposition des ovules.

Fig. 12. Placenta de la même plante, vu par sa face dorsale après qu'on a enlevé les ovules.

Fig. 13. Coupe longitudinale et médiane de la même loge, destinée à montrer l'insertion du placenta et celle des ovules. On voit également la profondeur de la fente longitudinale et médiane qu'on aperçoit sur la figure précédente.

Fig. 14. *T. glauca.* Loge ouverte par sa face dorsale, pour montrer la disposition des ovules, les uns ascendants, les autres descendants.

Fig. 15. Face dorsale du placenta de la même plante, montrant son insertion et la situation des ovules.

Fig. 16. Coupe longitudinale d'un loge intéressant le milieu du placenta.

Fig. 17. *T. Guillainii*, var. *Balanseana.* Loge ouverte par le dos pour montrer la disposition du placenta et des ovules.

Fig. 18. Coupe longitudinale intéressant le milieu de la loge et du placenta.

Fig. 19. *T. laurina.* Loge ouverte par le dos, pour montrer la disposition des ovules et du placenta.

Fig. 20. Le même placenta vu par sa face ventrale.

Fig. 21. Coupe longitudinale intéressant le milieu de la loge et du placenta.

PLANCHE IV

Genre Metrosideros.

Fig. 1. *Metrosideros lucida.* Loge ouverte par le dos pour montrer la disposition des ovules.

Fig. 2. Placenta de la même plante, vu par sa face dorsale après qu'on en a détaché les ovules dont on voit les cicatrices d'insertion.

Fig. 3. Coupe longitudinale d'une loge de son ovaire, intéressant le milieu du placenta, et montrant la profondeur de sa fente médiane et longitudinale, ainsi que la situation des ovules.

Fig. 4. *M. florida.* Loge ouverte par le dos, pour montrer la situation des ovules.

Fig. 5. Placenta de la même plante, vu par sa face dorsale après qu'on a détaché les ovules dont on aperçoit les cicatrices d'insertion.

Fig. 6. Coupe longitudinale d'une loge de son ovaire, intéressant le milieu du placenta, et montrant la profondeur de sa fente médiane et longitudinale, ainsi que la disposition des ovules.

Fig. 7. *M. vera.* Face dorsale des ovules et du placenta.

Fig. 8. Le même placenta vu de trois quarts.

Fig. 9. Sa face ventrale.

Fig. 10. Sa coupe longitudinale.

Fig. 11. *M. operculata.* Loge ouverte par le dos, pour montrer la situation des ovules.

Fig. 12. Coupe longitudinale de la même loge, montrant que le placenta est ascendant, et combien est profonde la ligne médiane qui le divise presque complétement en deux lobes.

Fig. 13. *M. stipularis* (*Tepualia stipularis*). Loge ouverte par le dos, pour montrer la disposition du placenta et des ovules.

Fig. 14. Coupe longitudinale de la même loge, montrant que le placenta et les ovules sont ascendants.

Fig. 15. *M. chrysantha* (*Xanthostemon chrysanthum*). Loge ouverte par le dos, pour montrer l'aspect du placenta et des ovules qui sont insérés à sa périphérie.

Fig. 16. Sa coupe longitudinale et médiane, montrant l'insertion du placenta et des ovules.

Fig. 17. *M. myrtifolia* (*Fremya myrtifolia*). Loge ouverte par sa face dorsale, pour montrer que le placenta ne présente point de fente longitudinale et médiane.

Fig. 18. Face ventrale de ce placenta.

Fig. 19. *M. elegans* (*Fremya elegans*). Face dorsale du placenta.

Fig. 20. Sa face ventrale.

Fig. 21. *M. Deplanchei* (*Fremya Deplanchei*). Loge ouverte sur le dos, pour montrer que le placenta n'a qu'une fente médiane et longitudinale développée seulement à sa partie moyenne.

Fig. 22. Coupe médiane et longitudinale d'une loge, montrant l'insertion des ovules et du placenta.

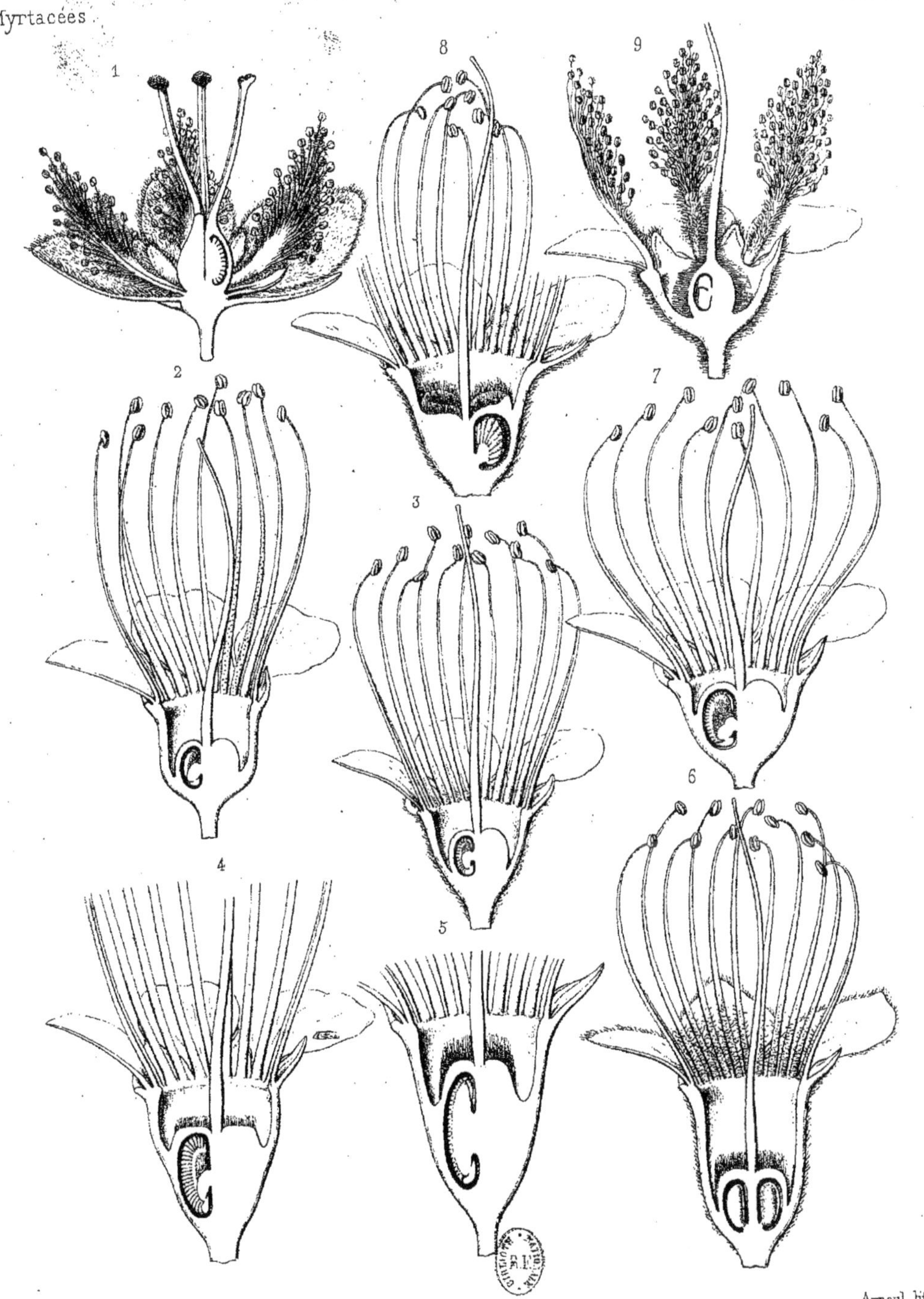

A. Faguet del.

Imp. Becquet, Paris

Arnoul lith.

Metrosideros. 9 Tristania.

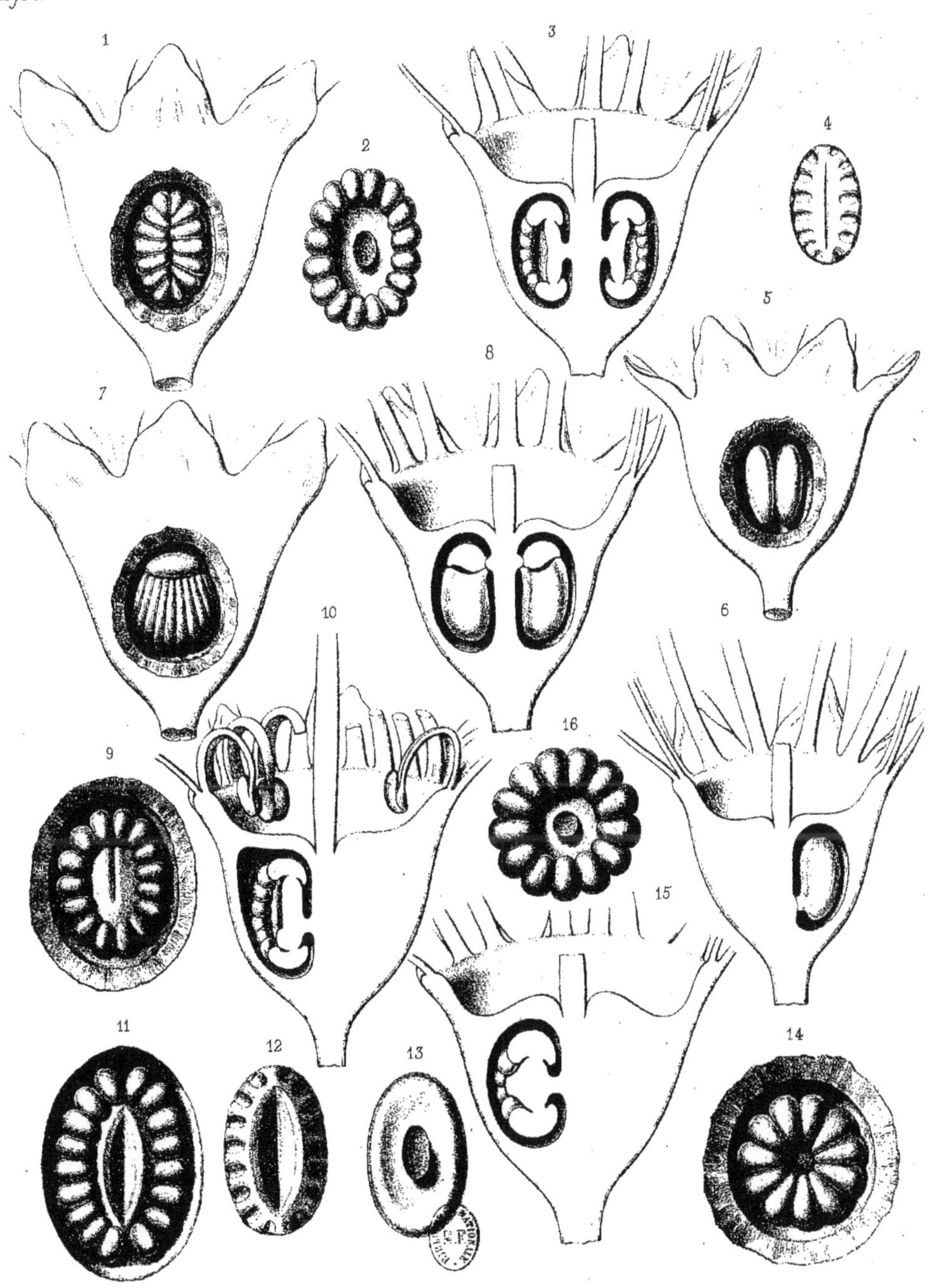

A. Faguet del.

Imp. Becquet, Paris.

Arnoul li

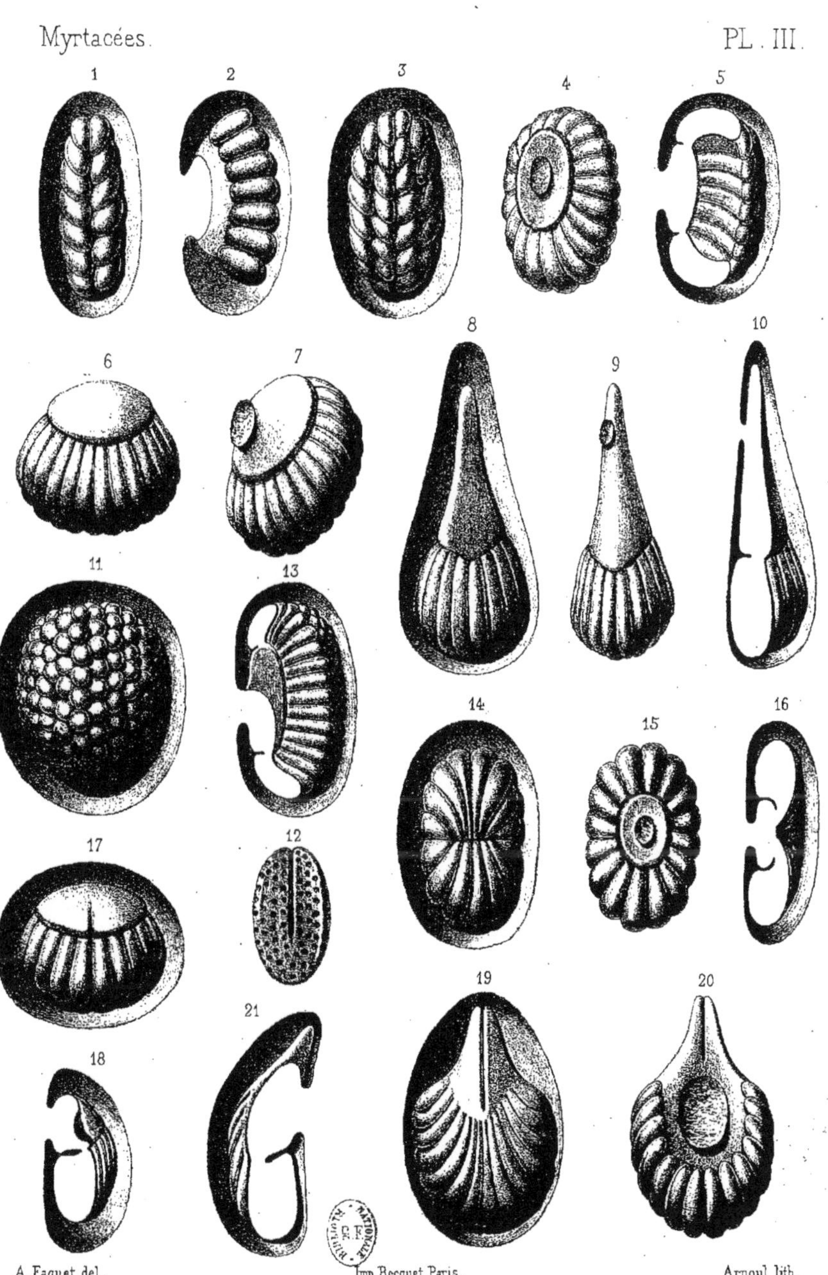

A. Faguet del. Imp. Becquet, Paris. Arnoul lith.

1_10. Leptospermum._11_20. Tristania.

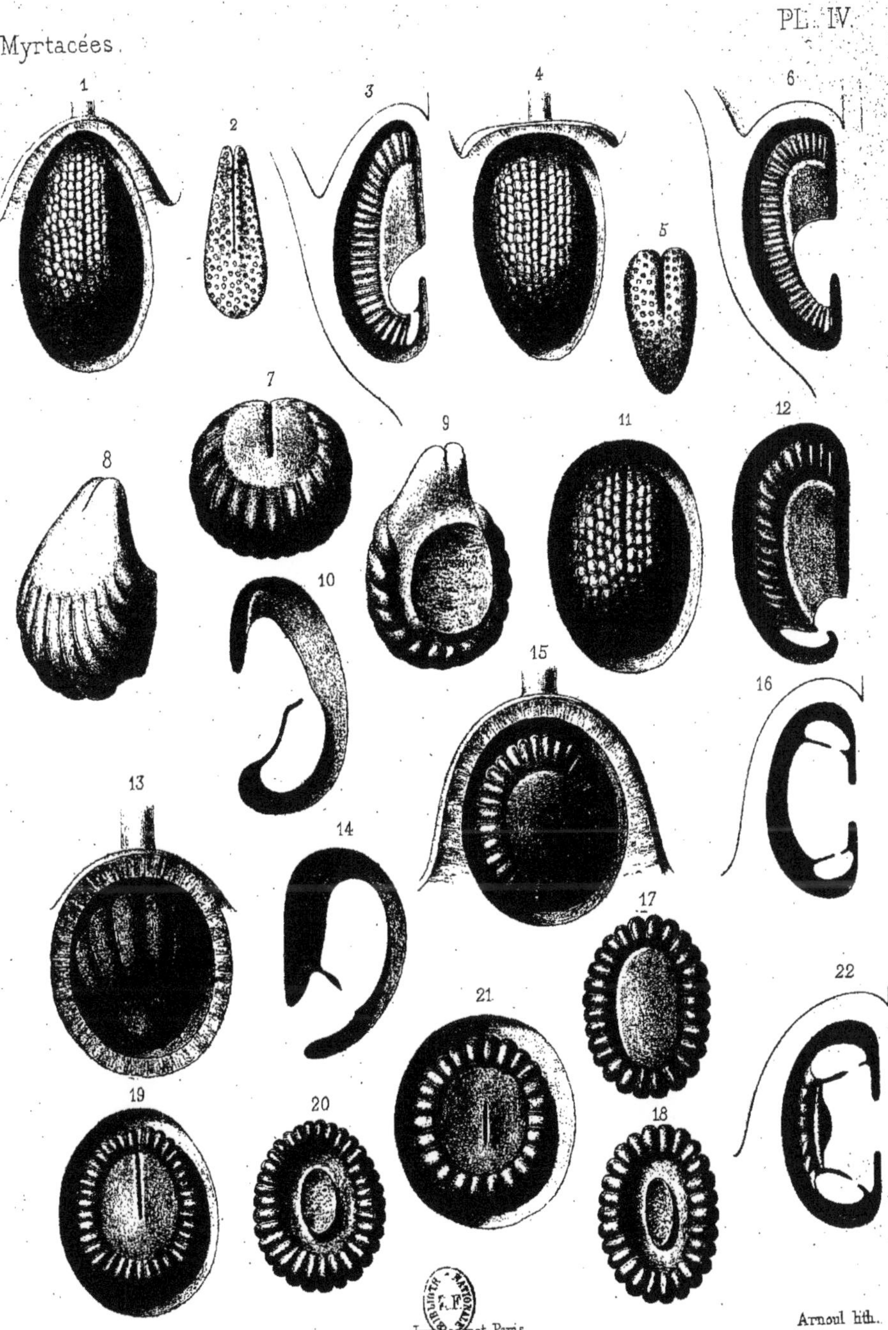

A. Faguet del.
Imp. Becquet, Paris.
Arnoul lith.

Metrosideros.

LIBRAIRIE F. SAVY

Paris. — Typ. Pillet et Dumoulin, 5, rue des Grands-Augustins.

www.ingramcontent.com/pod-product-compliance
Ingram Content Group UK Ltd.
Pitfield, Milton Keynes, MK11 3LW, UK
UKHW020327220726
13923UKWH00003B/1405